U0896759

PARENTING BOYS
THE POSITIVE TEACHING OF
GERMAN EDUCATION

养育男孩

德国阳光管教法则

三石/编著

中华工商联合出版社

图书在版编目(CIP)数据

养育男孩：德国阳光管教法则 / 三石编著. -- 北京：中华工商联合出版社，2018.11

ISBN 978-7-5158-2421-5

Ⅰ.①养… Ⅱ.①三… Ⅲ.①男性-儿童教育-家庭教育 Ⅳ.①G782

中国版本图书馆CIP数据核字(20187)第228138号

养育男孩：德国阳光管教法则

编　　著：三　石
责任编辑：李　瑛　袁一鸣
封面设计：周　源
责任审读：李　征
责任印制：迈致红
出版发行：中华工商联合出版社有限责任公司
印　　刷：北京毅峰迅捷印刷有限公司
版　　次：2019年1月第1版
印　　次：2019年1月第1次印刷
开　　本：710mm×1020mm　1/16
字　　数：160千字
印　　张：14.75
书　　号：ISBN 978-7-5158-2421-5
定　　价：49.80元

服务热线：010-58301130
销售热线：010-58302813
地址邮编：北京市西城区西环广场A座
19-20层，100044
http://www.chgslcbs.cn
E-mail: cicap1202@sina.com(营销中心)
E-mail: gslzbs@sina.com(总编室)

前 言

旭日阳刚普鲁士

德国曾经的历史塑造了德国的今天。漫步今天的德国，一股浓郁的男性气息扑面而来。在德国的公园、广场，以及其他许多公共场所，狮子、马和肌肉结实的男人等等象征男性气质的雕塑、图像随处可见，甚至就连德语发音本身听起来也满含着浑厚的男性质感。

在很多人的心目中，德国是一片盛产优秀男性的沃土，是一个女性很优秀，男性更优秀的神奇国家。这个国家为全世界贡献了优质的汽车，威猛的主战坦克，可口的啤酒和香肠，优秀的足球队，克尽职守的士兵，严谨认真的工程师，还有思想最深刻的哲学家。支撑所有这一切奇迹的，则是众多有名或者无名的优秀男性。

看到这里，你也许会从内心发出这样的疑问：“究竟是什么成就了德国的男性文化，又是什么原因使她可以培养、哺育出如此众多的优秀男性？了解这一切对于家有男孩的中国父母教育儿子，帮助他顺利实现从男孩到一名成功男性的过渡又是否具有现实意义呢？”答案显然是肯定的。

德国教育学家卡尔·威特曾经说过：“只要教育适当，每个孩子都能成为天才。”同样的道理，只要教育适当，每个男孩也都可以成为优秀的男人。世界上不同民族、不同文化对于男性气质的要求其实大同小异，即便是德国男人一贯标榜的诸如“严谨、实在、勤奋、准时、严肃、认真、整洁、守法”等等在内的男性气质，细究起来也并非德国男性所独有。话虽如此，却并不能因此抹杀德国教育在男性气质养成方面对于中国父母的借鉴意义。因为成功教育的实施不仅仅是理论的灌输，还应该包括各种教育方法的合理使用，也就是卡尔·威特所说的“教育适当”。在德国教育家赫尔巴特看来，后者有时候其实要比前者更加重要。

举个最简单的例子来说。奔驰汽车在世界各地都有分厂。这些工厂使用与德国总厂完全相同的配件和生产线，造出来的汽车质量却总也达不德国原厂的水平。之所以会出现这样的问题，原因虽然很多，但是方法使用的恰当与否却是其中相当重要的一环。同样的道理，面对生理、心理水平相当的孩子，传授完全相同的内容，不同的老师和家长却可能最终收获不同的教育效果，根本原因也在于教育方法的不同。

有鉴于此，本书的目的就是要结合具体案例，通过对于德国这个富于男性气质的国家在男孩教育独特方法和理念方面的介绍，为家有男孩的中国父母提供必要的启发和参考。这也正是本书编著者的心愿。

每位家有男孩的父母都希望自己的儿子能够成长为一名优秀的男人，不但拥有健康结实的身体、聪明的头脑、坚强勇敢的品行，还要能够成为一名顶天立地的男子汉。然而很多父母却在教育男孩的过程中受尽煎熬：孩子总是惹是生非，打架斗殴，上网打游戏，早恋……诸如此类，让家有男孩的父母头痛不已。难怪古希腊伟大的哲学家柏拉图早在2300年前就曾经写道：在所有的动物之中，男孩子是最难控制最难对付的。

男孩子果真就这么难教吗？男孩只能给父母制造麻烦，让他们伤透脑筋吗？在认真阅读本书之后，相信你一定可以得出一个否定的答案。

目录

Contents

第 3 章　严谨认真的风格

第 4 章　坚忍的力量

目 录

Contents

第5章 勇气的塑造

第6章 不朽的独立精神

第7章 学会相信自己

第 8 章　德意志的魅力

第 1 章

卡尔·威特教学法

卡尔·威特是19世纪德国的一个著名天才。他八九岁的时候就能自由运用德语、法语、意大利语、拉丁语、英语和希腊语这六国语言，并且通晓动物学、植物学、物理学、化学，尤其擅长数学；9岁时他进入了哥廷根大学；年仅14岁就被授予哲学博士学位；16岁获得法学博士学位，并被任命为柏林大学的法学教授；23岁他发表了《但丁的误解》一书，成为研究但丁的权威。与那些过早失去后劲、江郎才尽的神童们不同，卡尔·威特一生都在德国的著名大学里授学，保持着旺盛的学术生命力，直到1883年逝世，绝对算得上是桃李满园、著述等身。

更加令人惊奇的是，卡尔·威特之所以能够取得这样惊人的成就，并不是由于他拥有多么高超的天赋——恰恰相反，他出生后被认为是个有些痴呆的低能儿——而是完全仰仗他父亲的教育有方。可以这样讲，正是由于老威特对于低能儿子的“不抛弃、不放弃”成就了卡尔·威特，这样一个令人感叹不已的教育奇迹。

《卡尔·威特的教育》中有句很著名的话：“只要教育适当，每个孩子都能成为天才。”对此，老威特曾经做过一个非常形象的比喻。

这里有一棵橡树，如果按照理想的状态生长的话，可以长到30米高，那么我们就说这棵树具有能够长到30米高的可能性。同样的道理，一名儿童，如果按照理想状态成长，能够长成一个具有100度能力的人，那么我们就说这名儿童具备100度的潜在能力。

但是，要达到理想状态总是很不容易的。即使橡树具备长到30米高的可能性，但要真的长到30米还是非常困难的。一般来说，具备30米高潜力的橡树可能只会长到12米至15米左右。如果环境不够好的话，则有可能长到6米至7米左右。但是如果科学地给它施肥、浇水，它就有可能长到18米或者21米，更高的甚至可能达到24米至27米左右。

同样的道理，即使是生来具备100度能力的儿童，如果完全放任不管，充其量则只能成为具备30度能力的成人。也就是说，只能达到其潜在能力的两成或者三成。相反，如果教育得好，那么就可能达到具备60度或者70度，乃至80度或者90度的能力。也就是说可能实现其潜在能力的六成或者七成，甚至八成、九成。所以说人的天赋很重要，但是更重要的是对于孩子的后天培养。它首先考验的是父母、老师的智慧和能力。

从老威特的比喻中不难发现，多数孩子，甚至可以说每个孩子其实都具备成为天才的潜能，但唯有适当的教育，才能全部发挥孩子的潜能，才能让孩子成为一个真正的天才。当家有男孩的你抱怨自己的儿子淘气、顽皮、不成器的时候，不妨想想老威特的这句话，反思一下自己的教育方法是否出了问题。

为了把自己的经验留给后人，老威特把自己对于儿子的教育经历写成了一本书，这就是现在闻名世界的《卡尔·威特的教育》。书中详细地记载了卡尔的成长过程，以及自己教子的心得和独辟蹊径的教育方法。该书写于1818年，大概是世界上论述早期教育的最早文献。这本书在问世之后，在世界各地引起巨大反响，跨越三个世纪依然受到人们的不断追捧，成为畅销全球的教育经典。

无独有偶，在德国历史中有很多曾经的所谓“低能儿”最终成长为著名学者、科学家的经典案例，这其中就包括物理学家爱因斯坦、细菌学家科赫、量子物理学家普朗克。他们的成功，一方面归功于自身后天的不懈努力，另一方面也受益于各自父母明智的早期教育。如此之多的成功案例，不能不让人感叹德国父母早期教育理念的队到之处。

心理学家托尼·赞门说过：“婴儿出世的那一刻，就真的已经是才华横溢了。仅仅两年时间，他就学会了语言，比任何一位哲学博士都要好，并且，到3岁或4岁时，他在语言方面就是一位能手了。”由此可见，每个孩子与生俱来就有一定的潜能，每个孩子都具有成为天才的潜力。那么是不是每一个孩子一生下来就是天才呢？

平心而论，每个孩子都具有成为天才的潜力，但这并不等于每个孩子生下来就是天才。因为孩子的这种潜能是隐秘地潜藏在人体内部的，表面上是无法看出来的。只有对孩子进行合适的教育，让孩子的潜能充分地发挥出来，才能塑造出天才型的儿童。

时至今日，许多德国父母依然信奉着老威特的那句名言：“只要教育适当，每个孩子都能成为天才。”并且相信卡尔·维特的成功是可以复制的。他们培养出来的孩子，多数可能并不如上面提到的几位名人那样在历史的长河中熠熠生辉，却也大多在各自的领域有所建树。

在本章中，“望子成龙” 的你不妨追寻着卡尔·威特的足迹，通过借鉴德国教育体系的某些成功经验和案例，探讨如何帮助你的儿子成长成为一名睿智、聪明的男子汉。

第一节　被“押送”上学的小男孩

在德国，培养、教育子女被认为是所有父母的基本责任，政府则主要从政策、设施角度为青少年的身心健康发展提供必要支持，并为他们的各种权利提供坚强保障。为了协助父母圆满完成对子女的教育，德国政府从19世纪开始就逐步建立了相对完善的教育体系，形成了以“道德”、“技能”、“职责”、“集体”、“服从”为核心的教育理论。

在德国，儿童的入学年龄是6岁。与其他欧美国家不同的是，德国教育法强制规定所有学生必须进入集体制学校，以便在集体生活中学习各种文化知识，同时锻炼交往技能，承续“团队意识”。所谓的私塾式学校或者最近非常流行的网络远程家庭教育在德国是被法律严格禁止的，因为在德国教育学者看来，要想真正成为一名出色的人才，单凭出色的文化知识是远远不够的，还必须有相应的人际交往能力作为辅助。缺少团队生活能力的人，是很难被社会接受的。

换句话说，与同学融洽相处也是学校教育的重要内容之一。德国人相信这样一句话：“一个人事业上的成功只有15%是由于他的专业技术，另外的85%要依赖人际关系和处世技巧。”所谓软与硬是相对而言的，专业技术是硬本领，善于处理人际关系则是软本领。因此，在德国，类似中国学校中常见的那种学习成绩优秀，却高高在上，与同学关系紧张的“高才生”是极其稀少的。出现这样问题的学生甚至会被校方认为存在心理障碍，而被专门安排心理辅导老师，或者专业心理医生进行有针对性的沟通、治疗。问题严重者甚至会被转入专门学校（类似中国的残障学校）接受特别教育。那些因为性格、心理因素拒绝进入集体制学校的学生甚至会被警察押送强制入学。这样的事情虽然并不多见，却是在德国真实发生过的。

小威利是德国汉诺威的一个小男孩，6岁的他已经到了应该入学的时候了，不过这时候的小威利却没有多数孩子的激动、憧憬，反而显得恐惧又沮丧。他的母亲对此也异常苦恼，却也找不到任何的办法。

小威利其实是个很可怜的孩子，他的父亲在他刚出生不久，就因为车祸去世了。同样不幸的母亲不得不凭借自己菲薄的工资独自养育小威利。父亲的缺失让小威利变得越来越内向，还特别自卑。从小就爱待在家里，从不和周围的小朋友一起玩，也不敢独自上街。在孤独的小威利眼中，母亲是唯一的靠山。只要母亲在家，小威利就跟在母亲身后，问这问那。上街的时候，也要紧紧跟在母亲身后，拽着妈妈的衣角，像个小尾巴。偶尔碰见母亲和陌生人说话，小威利就会躲藏在母亲背后，只把眼睛露出来，胆怯地打量对方，从来不敢说话，更不敢主动和人打招呼。小威利现在最大的愿望就是永远不离开这个家，也永远不离开母亲的身边。可惜“天不遂人愿”，转眼间小威利就到了应该上学的年龄，他的好日子就要到头了。

“妈妈，我能不能不去上学？”恐怕小威利自己都已经记不清这是第几次向母亲提出这个同样的问题了。看着儿子充满恐惧和绝望的眼神，母亲也真的希望可以把儿子留在家里，不过这又是德国法律严格禁止的。如果真的那样做了，不但小威利会被强制入学，自己也可能因为触犯法律而被关进监狱。妈妈这时候唯一能做的，只能是让儿子把入学前的最后一点时间过得再稍微舒服一点。

无奈的是，那个“可怕”的日子还是来到了。被母亲哄着、骗着带到学校门口的小威利终于支撑不住，一屁股坐在地上，抱着母亲的双腿号啕大哭起来。见到此情此景，于心不忍的母亲一把抱起了小威利，转身就回了家。

母亲把小威利留在家里，不去上学的事情眨眼间就传遍了街坊四邻。很快，一名头发花白的老年警察就敲开了小威利家的家门。

“夫人，您的邻居举报您把到了上学年龄的儿子留在家里，不去上学，有这回事情吗？”老警察威严地诘问道。

“是的……是这样的，”小威利的妈妈嗫嚅着：“或许我可以把他留在家里，让他通过互联网接受教育。您知道，很多美国孩子小时候都是这样完成学业的。”

“是的，我知道。不过按照德国法律，必须把您的儿子送进学校，否则您将受到法律的制裁。现在请您把儿子带过来。我将用警车把他送到学校，并且亲眼监督他入学。”

“可是……”

“没有什么可是的，尊敬的夫人，难道您想一辈子把儿子留在家里，彻底变成一个窝囊废吗！现在，请你把他带来！”老警察再次严厉地命令道。

在老警察的高压之下，母亲终于把小威利交了出去。看着坐在警车上号啕大哭的儿子，母亲的心情异常沉重，却又感受到一种莫名的轻松。因为她知道，儿子终究会渡过这关的。老警察只是替她做了她自己不忍心做的事情而已。

就这样，小威利终于上学了，他今后需要面对的日子一点也不轻松。与中国不同，德国学校总共包含12个年级，划分为“初级学校”和“高级学校”两个阶段。“初级学校”相当于中国的小学，“高级学校”相当于中国的初中加高中。“高级学校”又分为专门以考大学为目标的文化学校（相当于中国的普高），以及各种职业专门学校（相当于中专、技校）。学生在入学时可以根据自己的考试成绩和个人兴趣选择报考。

德国学生在7年级（相当于中国的初一）以前，每天只有半天时间上课，中午就放学。直到7年级以后，才会改成每天下午4点放学。这样的课时安排看似很轻松，其实却另藏玄机。在男性气质占主导的德国教育理论家看来，课堂教学除了向学生灌输知识之外，还应该注意培养、提高学生的专注力、效率意识、决断能力、自学能力等素质。因此，德国学生的上课时间虽然很短，但是课程内容的密度却普遍比较大，而且日程安排也非常紧张，有的学校甚至早晨7点就开始上课。在强化知识学习的同时，杜绝了睡懒觉、拖沓等不良习惯（见表1、表2所示）。

表1　某学校8年级课表（相当于初二）

7：30–8：15	英语	英语	生物	物理	法语
8：20–9：05	历史	数学	化学	数学	化学
9：05–9：25	课间操				
9：25–10：10	拉丁语	法语	数学	拉丁语	数学
10：15–11：00	德语	法语	宗教	拉丁语	德语
11：15	放学				

表2　某学校12年级（相当于高三）

8：00–8：45 8：50–9：35	英语	宗教	法语	物理	德语
9：55–10：40 10：45–11：30	德语	地理	数学	地理	数学

续表

11：50–12：35 12：40–13：30	物理	政治	历史	英语	法语
13：40–14：25 14：30–15：15	美术	法语	历史	法语	体育
15：30	放学				

第二节　“决断力”的重要性

正如大家已经看到的那样，在德国的校园里，知识的培养总是和各种素质养成水乳交融，这也在潜移默化中向每个孩子灌输着德国的阳刚文化。例如，为了培养孩子的决断能力，很多德国教师在学生入学的时候为他们讲一个《饿死在两堆草料间的小红马》的故事。

一匹小红马在路边玩耍的时候，惊喜地发现了两堆草料：较大的一堆是干草料，较小的一堆是新鲜的嫩草，两堆草料都是那么洁净香甜。小红马是饿着肚子出门来的，这下可好了，可以美餐一顿了！

小红马非常高兴，跑到干草料前准备享受一番。此时，它心中突然闪出一个念头：“嫩草更加新鲜好吃，如果我先吃干草，那么那堆嫩草很可能就会被其他路过的马抢走，还是先吃嫩草好了。”想到这里，它又跑到了嫩草堆那边儿。就在低下头刚要吃的时候，小红马又想：“这堆草虽然很鲜嫩好吃，可毕竟太少了，根本吃不饱。如果别的马儿趁我进食的时候把那一大堆干草吃光的话，我就要饿肚子了，还是先吃干草吧！”于是，它又跑回干草料堆那边儿。犹豫了一会儿，心里还是更想吃嫩草，就再次跑回嫩草堆那边。跑到嫩草堆那儿又担心吃不饱，又返回干草堆。在两堆草料的取舍抉择之间，小红马内心不停斗争着，既不知道自己应该先吃什么草料，又担心草料被别的马儿给吃光了。原本一件非常幸运的事情，在小红马眼中却变成了最为痛苦的两难选择。它始终犹豫不定，不停地在两堆草料间徘徊辗转。最后，竟然饿死在两堆草料中间。

德国老师之所以为孩子们讲这个故事，就是想让他们明白。鱼与熊掌不可兼得。在人生的道路上，面对机遇做出选择是在所难免的事情。身为男孩父母，要想将你的儿子培养成为一名成功的男人，就必须帮助他学会审慎地运用自己的智慧，做最正确的判断，选择属于自己的正确方向。如果不懂得取舍，徘徊在命运的两端，那么就等于在自我设限中扼杀了生存的权力。

在很多德国人看来，身为男人，最忌讳的就是遇事犹豫不决，缺乏应有的决断能力。德国诗人歌德曾经说过："犹豫不决的人永远找不到最好的答案，因为机遇会在你犹豫的片刻失掉。"面对人生的千变万化，犹豫不决、优柔寡断是不行的。如果你不想让孩子与机会失之交臂，那就应该让他在机遇面前放手拼搏，抓住机会。用机会教导孩子，让他学会决断，这对于他的一生都将大有裨益。抓住机会，迅速做出决定，这才是成大事的男人所应具有的魄力和表现。

俗话说得好："机会不等人，机不可失，时不再来"。能否善于抓住机会、利用机会是一个人成功与否的重要条件。如果孩子从小不能学会及时抓住机会，那对他未来取得成功将会造成很大的障碍。机会往往是偶然的，稍纵即逝。因此，父母应该让孩子学会抓住机会，要让他知道，想要抓住机会就必须有一个精明的头脑，详细地研究，细心地察看，捕捉机遇，机会一旦失去就很难再有。只有这样他才会重视机会、珍惜机会，并且努力地去抓住、利用机会。

德国细菌学家科赫，童年时就喜好探问事情的究竟。有一次，他跟母亲去医院探望一位病人。科赫一见到医生就急不可耐地问了一连串的问题。医生看他聪明伶俐，便回答了他提出的问题，最后还对他说道："孩子，人们还没有详细研究过的病症还有很多啊！"这句话给年幼的科赫留下了极其深刻的印象。他暗暗下定决心，长大了要当医学家，专门对付那些没有被研究清楚的病症。科赫从此用功学习。大学毕业后，他进入德国的一家研究所从事细菌研究工作。年幼时医生的那句"孩子，人们还没有详细研究过的病症还有很多啊"的话始终萦绕在他的耳边。

一次很偶然的机会，几个德国农民把一只死羊送到科赫的研究所，希望能够找到羊只大量死亡的原因。科赫把死羊的血抽出来，稀释后，放在显微镜下面观察，进而发现在病死羊的血液中存在着一些极其细小的棍状物体。尽管还没有充分的证据，但是他凭直觉判断这些棍状物体很可能就是造成羊只死亡的病原菌。科赫以此为线索深入研究，最终发现了炭疽杆菌。如果科赫当初不能抓住这个稍纵即逝的线索，也就不可能成为世界上第一个发现炭疽杆菌的人。

一个人如果缺乏准确决断、抓住机遇的勇气，就不会有成功的良机。在哥伦布之前，任何人都有发现新大陆的可能，他们之所以没能发现新大陆，就在于缺乏实践的勇气。哥伦布这样做了，并且成功了。他的事实证明机会不是那么容易就被人抓住的，机会总是偏爱那些有准备、有勇气的幸运儿。

德国著名化学家霍夫曼曾经说过："我发现，大多数人对生活所要求的是拥有选择的机会，这比任何其他的事情都重要得多。最坏的生活可能是没有选择的生活，对新事物没有任何希望的生活，走进死胡同的生活。相反，最愉快的生活是具有最多机会的生活。”

这并非是故作惊人之语，相反却正是一种人生智慧的深刻总结。有些时候，你的孩子能否成才，并不在于他可以背诵多少首唐诗，默写多少个英语单词，记住了多少数学公式，而恰恰取决于他在人生早期获得的一些基本能力。这其中首先应该受到父母关注的是对于男孩决断力的培养。人生或多或少总要经历一些“抉择时刻”。机会稍纵即逝，有时候，抉择能力的缺乏甚至可能是致命的。作为男人，掌握在这样的微妙时刻牢牢把握自己命运的能力是特别重要的。

第三节　“吃蛋糕”的故事

除了“决断力”，德国人的教育理念还特别强调对于孩子“执行力”的养成。德国学生除了完成老师规定的功课，还必须完成大量的社会实践作业，将自己在课堂上学到的抽象知识转化成具体的能力。往往越是偏重文化课教学的学校，对于学生的要求也就越高，目的就是为了强化学生的“执行力”。据一位德国中学生说，他们每天只有两小时的时间被用于完成课内作业，其他时间都被用来搞社会实践。德国学校社会实践的内容多种多样，低年级的孩子可以在家里帮父母做家务，去敬老院照顾老人；高年级的孩子则可以郊游、野营，搞搞田野调查，甚至还可以出入酒吧、咖啡馆。

如此不遗余力地培养学生的“执行力”，是因为在德国人看来，机会面前的准确决断仅仅是迈向成功的第一步。要想把机会变成实实在在的现实，还必须踏踏实实地走好自己的每一步，不能空想不做。

空有理想和抱负，光说不做，到头来只会是一场空。很多男孩都有空想主义的毛病。有理想固然是好事，可是空有理想而不行动，日后也只会是一事无成。一个人想得再多、再好，如果没有将理想变成现实的魄力，也终究难成大器。

俗话说："看着容易，做起来难。"身为男孩父母，尤其不应该让孩子养成"眼高手低"的坏习惯。很多男孩在面对问题的时候总会满怀信心地说："那有何难。"但真正让他们付诸行动的时候，却又觉得力不从心。对多数男孩来说，产生各种各样的想法不难，制订一份详细的纸面计划也不难，但是执行力的缺乏，往往会让原本天衣无缝的计划彻底泡汤。因此，一位哲学家曾经发出过这样感叹："如果可以重新生活一遍，超过99%的人都可以成为伟人。"

在生活中，有的人通过快速而果断的行动最终获得了成功，有的人却想来想去，最终毫无所得。没有行动，也就没有结果，更不可能取得成功。只有真正实践了的想法才是有价值的，没有实践仅有意图是不可能有所成就的。即便是一位思想家，也要通过口头把自己的思想表达出来，用笔把自己的思想写出来，才可以让众人接受，才称得上是思想家。德国文化曾经孕育了包括黑格尔、康德、马克思等众多思想家，同时也是实践家。他们之所以敢于把自己的思想付诸实践，就在于日耳曼民族从古至今对于"执行力" 的强调。在德国小学生的语文课本里，就收录着这样一个关于空想和执行力的故事。

小雷奥哈德是一名刚刚4岁的德国小男孩，他的奶奶是一名虔诚的基督教徒，她经常领着小雷奥哈德到教堂祈祷。

有一天，小雷奥哈德的奶奶在给他讲《圣经》的时候说道："虔诚祈祷，就会获得想要的一切。"

小雷奥哈德听到这句话之后，忍不住站了起来问道："真的吗？祈祷真的可以获得一切吗？如果我祈祷上帝，他会给我任何我想要的东西吗？”

“是的，孩子，只要你愿意虔诚地祈祷，你就会得到你想要的东西。”

听到这样的回答，小雷奥哈德十分开心。这时候他最想要的就是一块大大的蛋糕，因为他从来没有吃过蛋糕，而和他一起玩的那个小伙伴却经常拿着诱人的蛋糕炫耀。甚至还经常问他要不要尝一口，但是都被倔强的小雷奥哈德摇头拒绝了。因此他非常想亲口尝尝蛋糕到底是什么滋味。

再次看到自己的小伙伴的时候，小雷奥哈德便向他炫耀道：“明天我也会有一块大蛋糕。”

晚上的时候，小雷奥哈德就将门关起来，无比虔诚地进行祈祷。他相信自己的诚心一定能够感动上帝。第二天起床之后，小雷奥哈德就开始在屋里寻找蛋糕，可是找遍了所有的地方，也没有发现蛋糕。

小雷奥哈德以为自己的祈祷还不够虔诚，第二天晚上又加倍努力地向上帝祈祷，但是早上醒来的结果还是一样。

第三天的时候，他遇到了那个小伙伴，当小伙伴问他蛋糕的事情的时候，小雷奥哈德沮丧地说道：“上帝也许没有看见我在进行多么虔诚的祈祷，因为每天有那么多的孩子都在做这样的祈祷，而上帝只有一个，他怎么可能忙得过来呢？”

小伙伴惊讶地问道：“难道你每天祈祷就只是为了一块蛋糕吗？你为什么不自己去赚钱买一块呢？其实几个硬币就可以买到了。”

听到朋友的话，小雷奥哈德恍然大悟。

从此以后，小雷奥哈德不再祈祷了。他对自己说：“祈祷还不如自己干活挣钱呢。”于是他就开始帮助别人送报纸、送牛奶、打扫卫生。

没过多久，小雷奥哈德就吃上了自己赚钱买来的蛋糕。

德国人从小就被告之这个道理："如果你想喝水，就自己拿杯子去倒；如果你想吃蛋糕，就用双手去创造。祈祷上帝是没有用的，你就是自己的上帝。"其实在人生的道路上又何尝不是这样呢？自己想要拥有什么，只能靠自己的积极行动去争取，而不是空想。

现在的人经常说：思想有多远，人就可以走多远。有想法就有精彩的生活，但如果不主动去做，再多的想法也不可能变现实。将一个主意付诸实践，比空想出一千个主意有意义得多。父母应该告诉孩子，别把太多的时间花费在空想上，因为一切想法都必须在实践中得到切实的验证。虽然说人做事应该"三思而后行"，但是过多的空想却可能占用行动的精力和勇气。有了想法立即付诸行动，将理想变成现实，这就是"执行力"。很多时候，一个人有了想法却不敢行动，是因为他一直没有动手所致，当他一旦行动了，就会发现，其实事情远没有原先想得那么艰难。

德国的孩子们自幼就懂得这个道理，所以他们从小学时代就开始尝试着依靠自己的双手把理想变成现实。德国的父母们也懂得这个道理，所以他们抓住一切机会，通过做家务之类的小事锻炼自己孩子的执行力，避免他们沦落为只说不干的"空手道"。特别是对于那些将要在成年之后顶门立户的男孩子们，父母的要求更是严格，以至于在20世纪50年代发生了一件震惊全德国的母亲起诉年幼儿子的离奇案件。

在第二次世界大战刚刚结束后的联邦德国，由于残酷的战争夺去了众多人的生命，造成人力资源极度匮乏。联邦德国政府通过了一项法案，允许各级部门雇用15～50岁之间的女性清理废墟，参与国家的重建工程。

在重建国家的过程中，那些家里有孩子的母亲，干完每日繁重的体力劳动之后，自然希望自己的孩子能够帮助自己做一些力所能及的家务活，比如洗餐具、收拾房间、擦洗家人的鞋子，给花园浇水、翻土和锄草等等。在大多数情况下，家里的孩子通常也都会体谅自己的母亲，乐于帮助大人承担家务。比如3岁的小孩经常会帮助大人摆放餐具，如果放的不正确，大人也会告诉他正确的放法，然后要求他重新放一遍，当然也会对孩子说一声“谢谢”。为了进一步强化这种家庭成员间的互助协作，更好更快地重建国家，联邦德国政府明确颁布法律，要求6岁以上的孩子必须帮助父母做家务。对于不同年龄层段孩子应该完成的家务的范围，还进行了如下的详细规定：

1. 6岁之前可以玩耍，不必做家务；
2. 6～10岁要帮助父母洗碗、扫地、买东西；
3. 10～14岁要剪草坪、洗碗、扫地，以及给全家人擦鞋；
4. 14～16岁要擦洗汽车、整理花园；
5. 16～18岁要每周给家里大扫除一次。

当然，法律之所以如此规定的目的，并不完全是基于减轻父母的劳动负担的考虑，也是要通过这些力所能及的工作锻炼孩子的“执行力”，让他们自立、自强，成年之后能够更好地走向社会，建设国家。

就在这个非常艰苦的战后时期，有这样一个单身德国妈妈，她含辛茹苦地养育着三个孩子。10岁的大儿子汉斯很是懂事，很早就懂得帮妈妈做一些家务，比如春夏的时候经常会帮助妈妈修剪树木或草坪，秋天的时候会穿着胶鞋，戴着小手套和妈妈一起收拾院子里的落叶。比大儿子小2岁的女儿也经常替妈妈分担家务活，帮助妈妈做饭、洗碗之类。

只有小儿子从小到大都在哥哥、姐姐的照顾下生活，有些娇生惯养，到了6岁半的时候还不会做一丁点儿家务。妈妈多次要求他帮助自己洗碗、买东西。由于觉得太过辛苦，而且还占用了自己玩的时间，小儿子总是不愿帮助母亲，往往都是由哥哥姐姐代劳了事。

有一天上午，妈妈安排小儿子去打扫一下房间。正在玩积木的他却回应妈妈说；“没看到我正忙着搭积木吗？别打扰我了。”

因为德国法律严禁父母“唠叨、打骂子女”，所以妈妈只好口头警告他说：“再这样下去，我可要向法院去告你了。”这时候的小儿子玩得正起劲儿，对妈妈的警告根本置若罔闻。让他没想到的是，妈妈当天下午就向法院提起了诉讼。从第二天开始，法院专门派了一位法警来督促他履行做家务的义务。

“与其让孩子坐享其成，不如教给他们生活的技能。”这是众多德国父母在教育孩子方面的座右铭。日常生活中，尽量让孩子做一些力所能及的事情，比如做家务，不仅可以培养孩子的家庭责任感，增强家庭成员间的亲情观念，还可以帮助孩子了解生活的某些规律，学会处理某些问题的基本技巧，增强孩子的动手能力，进而提高孩子的智能、技能水平。身为男孩父母，在日常生活中也可以像德国人那样鼓励、督促自己的儿子做一些自己力所能及的家务，通过点点滴滴的琐事锻炼、提升自己的执行力，为今后的真正面对社会、面对生活早作准备。

第四节　煮个鸡蛋不容易

当今社会的生活节奏越来越快，“时间就是金钱，效率就是生命”早已成为人们心中受到普遍遵守的不二准绳。在这样的社会氛围之中，考量一件事情做得成功与否，不仅要看结果，还要看过程是否高效。人们在面对某项任务的时候，不仅需要果断决策，有力执行，更要讲求做事的效率。做事拖拖拉拉的坏习惯也因此成为影响个人成功的重要障碍之一。换而言之，如果某个人成功完成一项任务只用了1天时间，而你却用了5天、10天，甚至更长的时间，即便你最终取得了与对方完全相同的结果，你也仍然是失败的。有鉴于此，身为男孩父母，为了增强儿子在未来生活、工作中的竞争力，你有必要从小培养他做事情不拖拉，今天的任务今天完成的好习惯。

德国就是这样一个讲究效率的国家。从20世纪90年代开始被中国人逐渐熟悉的自助餐，其实正是讲究效率的德国人发明的。在德国，随处可见大大小小的自助餐餐馆。有的自助餐小馆根本没有服务员，顾客自己拿餐盘、拿刀叉，自己选取食物，自己找就餐座位。有些店甚至不预备刀叉碗盘，而是给顾客一张棉纸，就用纸裹着食物吃；或者干脆给顾客一根竹签，直接串着食物吃。每顿饭耗费最多不超过10分钟的时间，经济又实惠，还不影响工作。可以这样说，方便快捷的自助餐就是德国人效率意识的集中体现。

为了帮助自己的孩子从小树立正确的时间观、效率观，德国父母们从孩子很小开始，就注意通过对于生活中点滴细节的把握，戒除孩子做事拖拉的坏毛病。对于那些小男子汉们，德国父母的要求更是严格。为了增强孩子们的效率意识，在德国老师布置给小学低年级学生的家庭作业中，就有一道“如何最快、最节约地煮鸡蛋”的保留题目。

在一向认真细致的德国人眼中，煮鸡蛋从不是一件简单的事情。为了更好、更高效地煮鸡蛋，德国人特地发明了蛋钟，专门用于计算煮鸡蛋的时间。除此之外，德国人甚至还有专门的煮蛋器，能够最有效地节约水和煤气。

德国老师布置给小学生们的煮鸡蛋作业就是要使用这些器具，在最短的时间里，使用最少的水，最少的煤气把鸡蛋煮熟。领受任务的孩子们回家之后需要专门向家长请教煮鸡蛋的经验，还要事先对整个流程进行精心的设计。有时候为了寻找最佳方案，还要反复煮上几次。煮鸡蛋的家庭作业看似小儿科，却可以在潜移默化之中锻炼孩子的动手、动脑能力，让他们对效率观念产生最直接的感性认识。由于清醒地认识到这一点，德国父母们即便再忙，也都乐于配合孩子完成类似这样的家庭作业。他们明白，今天一些表面上看起来微不足道的小把戏，却可以在不久的将来对孩子产生巨大的影响。

很多人其实都明白这个道理，拖延是对宝贵生命的一种无端浪费，然而这样的行为却在我们的工作和生活中随时随地地发生着。如果你可以尝试着把一天的时间记录下来，就会发现，拖延不知不觉地消耗了你大部分的时间。有许多这样的人，他们大清早就被闹钟从睡梦中惊醒了。他一边想着自己的计划，一边又在怀念被窝里的温暖；一边告诉自己该起床了，一边又在对自己说再睡一会儿吧。就这样，5分钟过去了，10分钟过去了……天天如此，月月如此，年年如此，人的生命也就在这种不经意间悄悄流逝了。

不仅如此，拖延还会让人的心灵变得灰暗，会让他对优秀的人产生嫉妒。一个拖延的人只会看到事物的表面现象。看到别人获得了财富，他会认为这不过是别人比自己更幸运罢了；看到别人比自己更有学识和才智，就会说那是因为自己的天分不如别人。这样的人不明白没有努力就难以成功的道理。爱迪生曾经说过：天才就是1%的天分，再加上99%的汗水。事实上，每个成功者的成就都是依靠自己的不懈努力获得的，这其中不会有机缘的巧合。

身为男孩父母的你要想让儿子有所成就，就必须向德国人学习，把拖延这一恶习从孩子的心灵中连根拔除，避免他把这个坏习惯带进成年之后的工作和生活。那种“明日复明日”，把本该在1周、1个月，甚至1年前就该完成的工作拖延到明天再做的习惯，正在一点点地吞噬孩子的生命，也在侵袭着他未来有可能取得的成功。如果孩子不能在父母的帮助下铲除这一不良习惯，要取得任何成就都会十分困难。特别是对于那些在成年之后要面对更严酷竞争的男孩子来说，做事拖拖拉拉更有可能成为他们未来工作和生活的那块“短板”。

多数德国父母对于孩子拖拖拉拉的坏习惯往往采取“零容忍”的态度。孩子小时候如果有拖拖拉拉的坏毛病，父母就一定要在日常生活的小事中帮助孩子克服，让孩子明白，一旦决定做某件事情，就一定要集中精力，抓紧时间，尽快完成。为了达到这样的家庭教育效果，德国父母大多采取如下几种方式：

1. 让孩子学会自己着急

日常生活中经常可以遇到这样的情况。孩子早晨起床磨磨蹭蹭，家长急得不得了，又是嚷嚷，又是亲自给孩子叠被子、系扣子、穿鞋子、背书包，可孩子却一点也不急，照样磨磨蹭蹭。最后，家长还得赶紧开车或者带着孩子赶公交车去学校。如果认真反思一下，家长的这种法或许正是促成孩子做事拖拉的原因之一。由于习惯了父母的越俎代庖，孩子会自然而然地觉得，磨蹭一点也没关系，反正迟到不了，有爸爸妈妈呢。

其实在孩子磨磨蹭蹭的时候，家长完全可以不着急，而是让孩子自己着急。不要帮孩子叠被穿衣，而是可以站在一边说：“再不快点可就要迟到了，我可不帮你。”类似的话只说一遍就够了，不要反复唠叨。如果孩子最后真的迟到了，也不要过分担心。老师会责问他为什么迟到。如果孩子说出“我妈没帮我系扣子”之类的话作为借口，老师肯定会批评他为什么自己的事情还要妈妈帮忙。孩子挨了老师的批评，就会自觉接受教训，认识到磨磨蹭蹭给自己带来的害处。第二天他就会自然加快速度，避免再被老师责罚，也就会逐渐改掉做事拖拖拉拉拉的坏毛病。

需要注意的是，父母在教育孩子的时候不能靠大嗓门，更不能打骂孩子，而是可以通过讲故事等方法帮助孩子认识时间的重要性，树立正确的“时间观念”、“效率观念”，使他们认识到时间是世界上最宝贵的财富。它最长又最短，最多又最少，最快又最慢，最容易丢掉却无法复得。只有珍惜它，抓紧它，才会“延长”它，而不会让它悄悄溜掉。除此之外，家长还可以给孩子讲珍惜时间取得成功的故事来激励孩子，或是在墙上贴上名言警句。总之就是要通过各种途径引导孩子认识到时间的价值，让他明白做事拖拉会白白浪费自己许多时间。

2. 给孩子装一个小闹钟

为了帮助孩子改掉做事拖拉的毛病，父母还会专门给孩子配备一个闹钟。在孩子准备做一件事之前就把闹铃上好，如此一来，到了预定的时间闹钟就会铃声大作，提醒孩子时间够久了，不能再磨蹭了。与此同时，小闹钟放在桌上，可以让孩子每天看到，这本身对孩子也是一个督促。小闹钟滴滴答答的响声，很容易让孩子产生紧迫感，从而有效抑制做事拖拉的坏习惯。

为了教会孩子管理自己的时间，家长还可以和孩子一起制订一张作息时间表。表的内容可以包括什么时间起床，洗漱要用多长时间，吃早点要多长时间，放学回来之后哪段时间干什么，都要做出合理安排。对时间管理得越严越细，生活的效率也就越高。

3. 注意家长的模范作用

如果家长生活懒散，干事磨磨蹭蹭，生活无秩序，孩子必然会受到潜移默化的影响。因此，家长要改变孩子磨蹭的坏习惯，本人一定要惜时守时，讲求效率。

明日复明日，明日何其多。有些孩子总觉得来日方长，“现在”无足轻重，只有“将来”才会有无限风光。对于那种存在“‘现在’只是‘赊账’，‘将来’决定一切的观念”的男孩，父母应该让他明白这个道理：时间中唯有“现在”最宝贵，抓住了“现在”，亦即抓住了时间，成功就会向你招手；“拖”却是影响你抓住“现在”的最大障碍，就像你成功航线上的礁石，时刻威胁着正常的航行。

第五节　贝多芬的故事

德国火箭专家布劳恩曾经说过：“自然对于无能的人是鄙视的，对于有能力的人才泄露它的秘密。”身为父母的你由于自身条件的限制，可能命中注定无法亲自把自己的孩子培养成为教授、学者，然而你却不应该回避对于那些关于生活的基本技能进行言传身教的责任。万丈高楼平地起，有些时候，那些看似最简单的智能、技能却可能对人的一生产生决定性的作用。

儿童心理学研究表明，相比女孩，男孩往往更容易在专注力方面存在“短板”。这种“短板”在日常生活中可以具体表现为课堂上不专心听讲、课后不认真完成作业、做事情缺乏耐心和常性等等让老师、家长头痛不已的问题行为。专注力缺乏的问题如果不能得到及时解决，就很可能会对男孩的学习、成长，以及成年后的工作、生活产生不利影响。为了从小培养儿子的专注能力，家有男孩的德国父母不仅会专门引导孩子玩类似拼图、搭积木、组装航模之类的小游戏，还会为他们讲各种有关“专注力”的名人故事，希望榜样的力量可以带动他们，实现自我完善。比如下面这个关于贝多芬和“专注力”的故事。

在世界上有这样一个人，他一生灿烂闪耀于“乐坛”之中；他的作品深受众人喜爱，经久不衰；他的才华、他的专注，让世人惊叹；他创造了一个又一个神话——他就是贝多芬，一位来自于德国的最伟大的音乐家。贝多芬的一生谱写了无数的不朽作品，创造了常人无法企及的不朽业绩，与此同时，贝多芬的一生却也历经磨难。贝多芬之所以能够冲破重重困境，除了与生俱来的天赋，更有赖于他对音乐的专注。

贝多芬出生在一个清贫的普通德国家庭，父亲是当地一个唱诗班的男高音。贝多芬自幼就跟着父亲学习音乐，8岁的时候就开始登台演出。或许真的是应了“天妒英才”的古话。贝多芬的一生经历过多种坎坷，始终没有建立一个属于自己的家庭。这还不算，在贝多芬26岁的时候，厄运又一次降临在他的头上。处于事业巅峰的他耳朵逐渐丧失听力，直到后来彻底变成了聋子。

面对一连串残酷的打击，贝多芬非但没有沉默和后退，反而对音乐投入了更大的热情，创作了大量的充满时代气息的优秀作品，为乐坛留下了无数的经典名曲，而他自己也因此成为音乐史上的一个不朽神话。

贝多芬不仅顽强与命运进行抗争，他对音乐的专注精神更是让世人赞叹。在一份公之于世的贝多芬音乐手稿上面，人们发现有一处地方竟然贴上了12层小纸片。那是贝多芬因为不满意自己的作品，反复修改的结果。贝多芬就是这样一个对音乐专注、认真的人，哪怕自己作品中一个次要的细节，都要力求做到完美，也曾经为此闹过不少笑话。

有一次，贝多芬到一家餐馆用餐。刚刚点过菜之后，他突然来了灵感，顺手就抄起桌上的菜谱做起曲来，一个小时过去了，服务员走过来问他用不用上菜，贝多芬才如梦方醒般地立刻掏出钱来结账。当服务员告诉他：“先生，您还没有吃饭呢！”他却回答：“不，我确信自己已经吃过了。”话音未落，他就抓起桌子上写满音乐符号的菜谱匆匆走掉了。

正是由于对音乐的这份专注，贝多芬才能克服常人无法想象的困难，取得卓越的成就，成为一代“乐圣”和“音乐巨匠”。

一位历经磨难，双耳全聋的人，竟然能够成为一代“乐圣”和“音乐巨匠”，依靠的就是心底里对于音乐的那份专注。无数成功者的事例告诉我们，世上就怕认真二字，专注是成功的助推器，是无坚不摧的制胜法宝。身为男孩父母，你有责任像德国人那样帮助自己的孩子从小掌握“专注力”这个“法宝”。那么如何才能帮助自己调皮捣蛋的儿子提高专注力呢？

德国教育家约翰·菲利特认为，注意力不集中、容易分心是孩子的共性，男孩在这方面表现得尤其明显。经常可以听到老师、家长抱怨：“这孩子怎么这么不专心哪！专心做作业有那么难吗？我孩子成绩差，就是因为他不专心！”

的确，孩子只有先养成专心的习惯，才能在日后的学习和工作中全身心投入，并且不被其他事情干扰。这个道理更加适用于那些耐心差，永远“坐不住”的男孩子。其实，爱玩是孩子的天性，“坐不住”更是男孩子的天性。众多有关儿童的研究都表明，男孩的注意力相对于女孩来讲，更容易受到外界的干扰。他们可能会因为窗外的一只小鸟而跑出去玩，忘记自己正在做数学题；他们也有可能会因为要应付同学间无足轻重的足球比赛而使自己的学习成绩一落千丈。那么德国家长和老师是怎样提高男孩的专注力呢？

1. 营造环境很重要

全身心投入学习必须有一个稳定、安静的环境。如果身为父母的你想让孩子安静地看书或者写作业，而自己却在看电视剧，或者和朋友高谈阔论，那么家里打打闹闹、嘻嘻笑笑的场景定会吸引孩子的注意力，他又怎么能专心投入呢？

2. 孩子专注的时候，不要打扰他

很多孩子到了一定年龄，比如2岁以后，就能主动安静下来，出于本能地会对某个东西产生兴趣，想研究研究、创造创造。比如，玩水、玩土，观察小动物之类。在这样的时候，孩子通常都会很专注，大人一定不要打扰他，更不要因为各种原因干涉、阻止他。

3. 让孩子独立思考，不要急于帮助他

如果孩子能够自己思考问题，自己想办法解决，这本身就是专注的表现，家长不要急于帮助他。

4. 家长可以“玩花样”，激发孩子的兴趣

事实证明，孩子往往缺乏常性，活泼好动的男孩更是如此。孩子即使对什么事情产生兴趣，也可能维持不了多久。毕竟孩子的探索能力是有限的，如果他的“研究”持续不下来了，自然就会失去兴趣，就会分心。

这时就是家长应该出手的时候了。孩子对某件事情失去兴趣是因为他玩不出花样，如果大人能够变着法子玩新鲜，激发他继续做下去的动力，就可以帮助孩子提高专注力，增强探索的持续时间。

5. 家长的“示范”能够有效地感染和带动孩子

榜样的力量是无穷的。如果家长做事情朝三暮四，缺乏常性，是不可能指望自己的孩子具有高超的专注力的。

6. 鼓励孩子，让孩子有“成就感”

在做事情的过程中，孩子如果遇到闲难，父母就要鼓励他，让他愿意去克服困难，坚定他继续下去的决心，久而久之，孩子就能养成善始善终做完每件事的良好习惯。

7. 组织有利于提高孩子专注力的活动和游戏

游戏是儿童的天性，搭积木、拼图、拆装玩具、穿珠子、看书、听故事、走直线这些活动看起来很简单，却可以在不经意间提高孩子的专注力。

8. 让孩子通过一些家务劳动锻炼专注力

适当的家务劳动，例如剥鸡蛋壳，剥红薯皮，剥犬蒜，摘豆芽之类，同样可以起到锻炼孩子专注力的作用。

科学研究表明，不同年龄孩子的注意力稳定时间是不一样的。5～10岁的孩子能集中注意力20分钟左右；10～12岁的孩子能集中注意力25分钟；12岁以上的孩子可以集中注意力半小时以上。以上所说的都是平均值，各年龄段男孩的注意力水平普遍还要低于这个平均值。家长要想让活泼好动的男孩马上静下心来，进入状态，按部就班地去学习、做事，有时候是很不现实的一件事情。为了帮助那些活泼好动的“小男子汉”学会专注，明智的德国父母和老师还会采取一些特别措施。

1. 要求男孩在规定的时间内完成作业

德国人以严谨守时著称于世，即便是为小学生留作业这样鸡毛蒜皮的小事，老师也绝对不会信口开河，而是会制订详细的计划。因此在德国父母看来，老师如果要求孩子在一定时间内完成的作业，那么只要孩子集中精力，就一定可以在规定的时间内完成。所以，家长不妨利用“作业”做文章，要求孩子在规定的时间内完成作业，借此培养孩子的专注力。为了达到最好的教育效果，父母要根据男孩的年龄特点，要求他在相应的时间内集中注意力，力争保质保量地完成作业。

如果男孩的作业量超过了他的注意力稳定的时间，家长就应该帮他把作业分割开，让孩子一部分一部分地完成。这样不仅有利于集中孩子的注意力，还能够让孩子的学习有张有弛，提高学习效率。除此之外，家长还可以对孩子完成作业的情况不定期地进行检查，这样也有助于孩子集中精力去完成作业。

2. 要求男孩每次只做好一件事情

现在的孩子每天往往都有很多作业要做。如果孩子做化学作业的同时还想着解不开的数学题，或者画着画的同时还想着物理老师布置的难题，那么孩子不但什么事情也做不好，还会养成三心二意的坏毛病。

事实证明，孩子学习、做事情的最大“敌人”就是注意力分散。因此，家长要告诉孩子，不管面临多么繁多的任务，要想把所有任务都做好，最聪明的做法就是每次只想、只做一件事情。在日常的学习、生活中，为了让孩子养成专注的好习惯，家长可以故意给男孩安排很多任务让他完成。然后在他做得一塌糊涂的时候，再告诉他每次专注做好一件事情才是捷径。这样，孩子就能深刻体会到专注的重要性了。

3. 不要剥夺男孩玩的时间

在德国，每个孩子每天必须有两个小时玩耍的时间，这是法律赋予的权利，即便是父母也不能随便侵犯。因为在德国教育家看来，爱玩是孩子天生的权力。当他们的天性没有得到满足时，他们是不可能专注地做其他事情的。相比女孩，男孩更加活泼好动，当然也更加爱玩。因此明智的家长不应该剥夺男孩玩的时间，否则很可能让男孩“身在曹营心在汉”，三心二意、效率低下，甚至产生逆反心理。这对孩子的学习，以及习惯的培养都是很不利的。

马克思曾经说过：“任凭怎么脆弱的人，只要把全部的精力倾注在唯一的目的上，必能有所成就。”一个专注的人，往往能够把自己的时间、精力和智慧凝聚到所要干的事情上，从而最大限度地发挥积极性、主动性和创造性，努力实现自己的目标，完成别人眼中不可能完成的奇迹。

第六节 “自控力”教育

前面几节分别讨论了德国教育体系中有关“决断力”、“执行力”、“专注力”等基本智能、技能因素养成的内容，以及这些内容对于家有男孩的中国父母教育自己的儿子，将其培养成为一个成功男人的重要意义。但是仅仅拥有这些，可能还不足以将一个成天调皮捣蛋的男孩造就成为一名出色的男子汉。

众所周知，一辆汽车再好，动力系统再出色，装饰得再豪华，如果没有刹车系统，恐怕也没有几个人敢于驾驶，因为这样就是在拿自己的生命开玩笑。同样的，一个人如果没有自控能力，不善于控制自己的情绪，约束自己的言行，调节自己的大脑，就像一辆汽车没有了刹车系统，同样会出现许多问题。男孩在决断力、执行力、专注力等方面出现的问题，大多是由于缺乏自控力造成的。能否提高男孩的自控能力，也因此成为父母能否帮助他克服成长、学习过程中可能面临的一系列问题，将他培养成为一个成功男人的关键因素之一。

德国文化向来以强调每个社会成员的团队意识为核心，而构成社会整体团队意识形成的前提，则是每个社会成员必须学会合理控制自己的个人需求和行为。因此，德国教育一直以来就把帮助每个学生获得团队意识作为所有教育任务的重中之重。

随着全球化时代的到来，社会分工的加剧，拥有足够的团队意识，懂得合理控制自己的言行，已经成为每个人取得成功的重要前提。家有男孩的中国父母不妨借鉴德国家长、老师在培养孩子“自控力”方面的一些做法，帮助自己的儿子为将来的成功“加分”。

缺乏自控能力是孩子成长过程中普遍存在的问题。由于生理、心理方面的特点，相比女孩，男孩往往更不容易控制自己，更容易缺乏自控能力。类似遇到困难就打退堂鼓、做事拖拖拉拉、缺乏常性、上课不专心、迷恋网络游戏，这些经常在孩子身上出现的问题行为，说到底，其实都是缺乏自控力的表现。现在的父母又往往对自己的孩子关爱有加，遇事经常越俎代庖，在无形中也抑制了孩子自控能力的养成。

事实证明，自控力对人走向成功起着十分重要的作用，良好的人生恰恰建立在良好的自我控制的基础上。良好的自控力除了表现在自我激励、提高效率、坚持把事情完成等方面，还表现在帮助人战胜弱点、克服消极情绪的诸多领域。为了帮助孩子顺利成长，成功应对成年之后的各种挑战，家长平时有必要对孩子进行一些训练，来提高孩子的自控能力。比如下面这个德国父亲教育儿了的成功案例。

卡恩是一个上进心、好胜心很强的孩子，但在学习上总有些磨磨蹭蹭，写作业的节奏老比别人慢半拍，总是转转铅笔、抠抠橡皮，一会要出来看看电，一会又要看看故事书。爸爸和妈妈为这事也不知说他多少次了，可这个毛病就是改不了。

后来，卡恩的爸爸在书上看到一个故事，说的是德国慕尼黑市的一位小学校长，为了激励学生多看书，同全校500名学生打赌，如果学生们在暑假中可以一共看完4000本书，他就亲吻小猪的屁股。如这位校长事先所料，孩子的看书热情一下子就被鼓动起来了，到暑假结束的时候共看了5700本书。校长很满意孩子们的成绩，也很乐意履行自己的诺言，当着全校学生的面亲吻了小猪的屁股。

卡恩的爸爸通过这个故事受到启发，决定也使用类似这样的方法来培养孩子的自制力。一天晚上，爸爸对又在磨磨蹭蹭写作业的儿子说：“儿子，咱们来打个赌吧，你有兴趣吗？”

一向争强好胜的卡恩当然愿意和爸爸打赌了，马上回应道：“赌什么？”

卡恩的爸爸趁机开出了自己的条件：“只要你改掉写作业拖拖拉拉的习惯，你就可以让我干一件你认为最能难得住我的事情。”

卡恩眨着眼睛想了一会，点头答应了。

“我们得立个规矩，如果你能在晚上9点之前把作业完成，而且要保证质量，并且坚持一个月，我就按你的要求去做。如果你做不到，那么作为惩罚，每天上网的时间缩短一半。要是觉得可以接受，就说你的要求吧。”

卡恩嘿嘿坏笑着提出了自己的条件：“我如果按时保质完成作业，你要答应每天晚上给全家做晚饭，而且每个月研究出一道菜，还要保证我和妈妈都喜欢吃。”

卡恩的爸爸是个从来不下厨房，连锅开了都不知道怎么处理的“大男人”。所以卡恩才专门挑了爸爸的软肋，提了这么一个条件。爸爸原本想着卡恩会要个遥控飞机什么的，不过既然是自己提出的打赌，就必须愿赌服输，也只好答应了他的要求。

就这样，父子俩谁也不愿认输，都开始积极应战。爸爸从书店买来各种菜谱书籍，一有时间就研究、琢磨。卡恩刚开始的时候对认真完成作业还有些不适应，但是看到爸爸那股子认真劲儿，要强的他也坚持每天都按时完成作业。心细的爸爸还会不时地给他一些指导，例如为了集中注意力，可以边读边写等。

一个月时间过去了，卡恩爸爸的厨艺大有长进，卡恩自己做作业也不再东摸摸西抠抠了。为了“乘胜追击”，爸爸半正式半玩笑地说：“我现在要努力练好做菜的基本功，明年暑假我准备抽点时间去参加厨师培训班，到那时候，咱家天天都是宴席。”

儿子也唯恐在与父亲的“打赌”中处于下风，不甘示弱地说道：“爸爸，从明天开始，写完作业后我还要记一篇日记，把你这个‘厨艺白痴’演变成‘神厨’的转变过程记录下来。”

众所周知，自我控制能力的发展对于个人形成良好的性格、习惯极为重要，然而自我控制能力并非生来就有，而是孩子在后天的环境中，随着认知的发展和教育的影响，不断形成和发展起来的。

有的孩子知道自己的自控能力不强，本身其实也很苦恼。在这个时候，家有男孩的你可以仿效某些德国父母的做法，告诉孩子在觉得控制不住自己的时候，可以选择静下心来，给自己做些有针对性的心理疏导和暗示。面对孩子的苦恼和疑惑，家长可以这样教育孩子：当控制不住自己拿起遥控器准备看电视的时候，你可以这样暗示自己，“现在还不能看电视，作业还没完成，应该先完成学习计划再来看电视。这一次，我一定能控制自己，我是有自控力的孩子。现在我只要放下遥控器，转身走到书桌旁，翻开书本开始看书就是一种胜利。”这种积极的自我心理暗示能够帮助孩子树立信心，提高自控力。通过这种积极的暗示，相信孩子的行为慢慢地就会发生一些变化的。

除此之外，家长们还可以像卡恩爸爸一样，给孩子找一个自控力较强的榜样，不一定是孩子的父亲，也可以是孩子喜欢的卡通形象，孩子的同学等等。将能够显示他们较强自控力的事例给孩子当成故事讲一讲，适时地对孩子提出一些希望和建议，鼓励孩子向榜样学习。当孩子在自控力方面有所提高时，哪怕是一点小小的进步，也应该及时对孩子进行精神上的鼓励，达到提高孩子自控力的目的。当然，如果像案例里的卡恩父亲一样，能够用孩子乐于接受的方法来激励孩子，效果会更好。

正如上面已经谈到的那样：自控力成就未来。举凡在各领域有所成就的成功人士，大多都拥有着远远超过常人的自控能力。由此可见，自控力对于每个人工作、生活的重要意义。孩子由于特定的心理、生理特点，普遍缺乏足够的自我控制能力，男孩更是如此。这就需要家长帮助和引导他们克服心理上的弱点，战胜自己，超越自己，在不断努力中实现目标，追求幸福人生，提升自身的自我控制能力。由于深刻意识到自控力养成对于工作、生活的重要意义，在德国，父母除了像卡恩父亲那样以身作则，教育儿子之外，还经常借助让孩子自己管理自己的零用钱的方式，从小处入手，培养孩子的自我控制能力。

在具有深厚启蒙思想基础的德国，孩子在很多时候是被当作和大人一样的人来对待的，拥有着和成人一样的诸多权利，这其中就包括自己管理自己零用钱的权利。

克里斯蒂安今年上小学三年级。他的爸爸是德国的一家企业的高管，家里经济条件很好。每个月月初的时候，父亲都会按时交给克里斯蒂安一笔在同龄人眼中数目不菲的零用钱。按照父子间的约定，克里斯蒂安可以按照自己的意愿处理这笔零用钱。他可以选择一次就把这笔钱花完，也可以选择“细水长流”，总之只要钱花得符合他这个年龄段的人的身份，不违反法律、道德，父母就一概不会过问。

初获自由的克里斯蒂安兴奋无比，出手阔绰、挥金如土，经常不到一个星期就把应该使用一个月的零用钱花得精光。他想要求父亲再给自己一些零用钱，却遭到了父亲的严词拒绝。如此反复几个月之后，尝到没钱痛苦得克里斯蒂安变得聪明了，他开始尝试着有计划地管理自己的零用钱，适当控制自己的购买欲望，不能再像以前那样，见什么就买什么。把这一切看在眼里的父亲适时地向儿子建议可以采用账本记账的办法，在一个专门的本子上记清自己每笔支出的用途。经过一段时间的尝试、调整，克里斯蒂安终于学会了理性地控制自己的购买欲，有计划地使用自己的零用钱。

需要说明的是，克里斯蒂安的故事并非个案。相比国内孩子娇气、任性、缺乏锻炼，以及家长过分注重奥数、钢琴、英语等知识能力训练的现状，德国父母在教育子女方面，往往更注重对于孩子基本的生活智能和技能的养成。他们主张让孩子在快乐的教育中接触大自然，学习缝扣子、烤面包、修车、修理厨具这些最不起眼的手艺。在这种教育理念中成长起来的孩子，学到的不仅仅是生活的知识，还学会了生活和做人的基础。所谓“人才”，首先是“人”，然后才可以成“才”。明白这一点，对于那些望子成龙的男孩父母们来说，是非常重要的。

第 2 章

美德的重要性

德国诗人歌德曾经说过："美好的品德能决定人生，它比天资更加重要。"的确，如果说事业、人生的成功是高楼大厦，那么一个人的美德就是深埋其下的地基。在德国人看来，每个孩子都是一块神奇的土地，只要播种上美德的种子，就一定能收获成功的果实。德国人把培养孩子的善良、节俭、正直、诚实、宽容待人等等美德放在与追求圆满的生活同等重要的地位。相信唯有修养自己的品德，才能克服人生路上的障碍，享受真正的成功与恒久的快乐。正如德国音乐家贝多芬所言："我愿证明，凡是行为善良与高尚的人，定能因之而担当患难。"

德国是教育大国，早在普鲁士时期（1814–1871），便开始在国内推行义务教育，成为世界上最早实行义务教育的国家之一。在当时的国民学校中，学生除了学习工业社会所必需的读、写、计算等技能外，还要学习道德修养、个人原则、职责与服从等思想道德方面的课程。由此可见国家对于道德的重视程度，而这种重视也深深影响到了每一个身为父母的德国人。

在德国，绝大多数父母都会竭尽全力，为孩子营造一个适合的成长环境。这里所说的成长环境，不仅仅是指有安全感、经济充裕等，还包括父母在孩子品格形成时的言传身教。他们十分了解男女孩童在成长过程中的差异性。对于男孩，他们在培养诸如善良、诚实、节俭等品格的同时，还会更多地注重那些能够体现男性魅力的品格，这也正是德国较欧美国家而言，男性气质更加浓重的根本原因。

比如，在男孩犯下错误后，很多德国父母不会只是简单说教，草草了事，而是会很具体地指出孩子的错误所在，并要求他立刻改正，或是进行相应的惩罚。因为在德国人眼中，真正好男人的衡量标准，是他必须能为自己和自己的行为负责。而男孩不断改正错误、受到惩罚的过程，正是让他们建立起责任心的重要过程。

德国对于孩子的教育质量到底如何，这里暂且不说。但在培养男孩品格方面，德国确确实实为我们做出了很好的榜样。由此才能形成一个充满男性气质的大国，在它的大街小巷，我们随处可见狮子、马或肌肉男形象的装饰物，却很少见到女性形象的宣传，这正是德国民族男性气质的体现。

第一节　睡前故事与德育

德国父母对于自己孩子道德的培养，在整个欧美国家中都享有盛名。调查显示，德国的父母是最热衷于给孩子讲睡前故事的父母，而睡前故事，正是培养孩子道德观念最好的温床。

对于孩子来说，由各种童话故事与传说组成的幻想世界，不仅仅可以培养他们的想象力，还能将现实世界中可贵的道德品质投射其中，而且，更加难能可贵的是，幻想世界中的道德品质，往往比学校中简单的说教更为具体和形象。因此，从某种意义上来说，睡前故事就成了幻想世界与现实世界中间架起的桥梁，能够让孩子在没有完全接触现实世界之前，就做好足够的心理准备。

一位德国教师曾经这样说道："在学校中，道德教育往往是最费力、却收效甚微的，因为在孩子眼中，那些枯燥的说教根本无法引起孩子的兴趣。比如，当你讲嫉妒是一种不好的品质时，那些贫穷家庭出身的孩子便会受到伤害；当你讲恃强凌弱是不道德的行为时，那些强壮的学生又会不屑地不以为然；当你讲说谎会导致恶果时，那些因说谎而获得好处的学生（这种事情时常发生）又会举出实例与你辩论。"但这些问题却在童话中被很好地解决了。

一些流行的睡前故事，如残忍的继母，失去双亲的儿童，本性善良却受人误导的国王，被母狼哺育的双胞胎兄弟，不能继承家产、只能自力更生的幼子，以及继承大笔家产、挥霍度日的长子等等。用一个个具体的形象，讲述了一个孩子或成人的正确的道德品质和行为方式，然后他们就会在潜意识中，将这种道德品质和行为方式投射到现实生活中。

比如在著名的"美女与野兽"故事中，讲了一位父亲拥有三个十分漂亮的女儿，其中以小女儿最为迷人。但接下来，故事并没有描述小女儿外表如何漂亮，而是讲她的心地善良，孝顺长辈，对待穷人友好亲切，于是，便巧妙地将心灵美的观念，以生动的形象讲述给孩子。随后，故事又讲了小女儿平时最喜欢读书，与她形成鲜明对比的是两个虚荣、骄傲与自私的姐姐。在鲜明的对比中，孩子学到了什么是高尚的品质，而什么不是。千万不要小看这些在睡前故事中学到的可贵品质，它们很有可能影响孩子的一生。

对于男孩来讲，还有一些更具男子气概的品质，其中一个十分流行的故事大意是这样的：

从前，有一个穷人家的小男孩，他的运气可谓是坏到家了。他的父亲没有钱来供养他，所以只能自己外出打工，勉强糊口。由于不停地劳作，使得他几乎没有时间去交朋友，而他的工友又总是虐待他。但有个信念却一直在支撑着他：不要放弃，只要坚持下去，就会有改变。

在一个寒冷的冬夜，小男孩到森林里去拾木柴生火，由于没有手套，他的双手已经冻得发紫。于是他开始就地生火，就在他打扫出一片空地的时候，却意外发现了一把金钥匙。“有钥匙的地方，就会有锁，”小男孩告诉自己。他用冻僵的双手在坚硬的土地中挖掘着，几次想要放弃，但那个“不放弃”的信念却促使他继续寻找。终于，在土坑中，他找到了一个盒子。

小男孩拿着盒子，反复检查，却没有发现钥匙孔，这让他大失所望。但他对自己说：“我一定不能放弃！”于是，他再一次仔仔细细地检查盒子，终于找到了一个小孔。这个孔如此之小，再加上天黑，以至于之前一直没有看到。此时，小男孩的全身已经快被冻僵，他使尽最后一点力气，将金钥匙插入小孔，转动钥匙，打开盒子。神奇的事情发生了，就在小男孩打开盒子的一瞬间，一股暖意从盒子中迸出，让他觉得浑身舒服。冬夜的寒冷被驱逐，冰冻的土地开始融化，没过多久，整个森林都变得暖洋洋的，仿佛一下子到了夏天。

小男孩继续向盒子里看去，里面竟然装着数不清的金子，从此以后，他的坏运气消失了，而好运则伴随了他的一生。

睡前故事不用有什么惊天动地的伟业，一个简简单单的故事，就让听故事的男孩理解了什么叫作坚持。这就是睡前故事的意义所在，通过绘声绘色地描述那些或美丽或丑陋的幻想世界，讲述那些丑陋的怪物最终变成王子、恶人化为石头的童话传说，让男孩对正确的道德品质产生形象的认知，唤醒他们潜意识中正直勇敢、与人为善的天性。

第二节　培养金子般的善良之心

善良是人的天性，是一个人走向成功的最基本的素质要求，也是人世间最宝贵的财富，犹如历史中最稀有的珍珠。一个人只有拥有一颗金子般的心，才能成为一个伟大而优秀的人。德国人有句谚语："即使美德衣衫褴褛，也应该受人尊敬。"对于那些要在人世间经风雨、见世面，开辟自己的一片天地的男孩们来说，无论以后怎样，只有拥有了善良，拥有了金子般的心，才能健康快乐地成长，拥有更多的朋友，获得更多的帮助。

每名男孩都有想要成为男人的冲动，他们迫切希望长大，成为一名真正的男人。但孩子毕竟只是孩子，"男人"这个词在他们心目中，只是一个十分模糊的形象，到底什么才算是男人，男人应具有怎样的道德品质和行为举止，他们都是一无所知。所以，男孩就会去寻找一些成年男性，包括现实中的和虚构的，来作为自己的榜样。因此，在某种意义上说，在男孩的成长过程中，为他树立一个什么样的榜样，将最终决定这名男孩的人生轨迹。

德国父母十分注重对男孩善良品格的培养，并在生活中言传身教，告诉他们如何成为一名善良的人。男孩到了6岁以后，往往会变得"男人气"十足，他们会拉帮结派，互相打闹。此时，他们最需要的就是一个可以为他们树立良好榜样的男人形象，而父亲正是这一形象最好的候选人。德国的父亲深知这一阶段对于男孩成长的重要性，因此会十分注意自己的言行举止，尽最大努力为孩子树立一个良好的男人榜样。男孩通过模仿成人——尤其是父亲，习得一个男人所应有的道德品质和行为举止，而一颗善良之心，正是每名父母努力培养给孩子的宝贵品格。

汉斯是一位典型的德国人，虽然生活在21世纪的今天，但是他在生活和教育儿子的方式上，依然沿袭着德国人的传统做法，无论如何也要让儿子明白：善良是生命中的金子。

汉斯的儿子名叫科林，在儿子刚刚懂事的时候，汉斯就送给他一只小兔子。科林非常高兴，自觉地担负起喂养它的责任，并且坚持每天给它写生长记录。随着年龄的增长，汉斯还送给他一只小鸟和一只小乌龟。尽管有朋友劝告汉斯，不应该让孩子过多接触宠物，一方面是由于宠物非常不卫生，容易让孩子传染上疾病；另一方面则是因为如果宠物死掉，会影响孩子的心情。汉斯却不这么认为，他觉得如果让宠物养成良好的卫生习惯，就不会使孩子染上疾病；更为重要的是，让孩子学会照顾比自己弱小的生命，可以培养孩子善良的天性。因此，汉斯不仅让科林饲养小宠物，而且在生活中一旦发现科林在这方面做错了事，也会马上纠正、引导他。

一天，汉斯和儿子一起出门。在一条马路的拐角处，有一个跛腿的老乞丐，一把就拉住了科林的胳膊，向他乞讨。科林非常着急地打掉乞丐的手，说："干什么，这么脏，你赔我衣服！"汉斯听到后，脸立即拉了下来，"儿子，到我这里来！"科林极不情愿地走了过去，后面的乞丐也跟着他来到了汉斯的面前。汉斯当时并没有说什么，只是默默地掏出钱递给了老乞丐。

回家之后，汉斯严厉地批评了儿子，并且告诉他："我们每个人都是有尊严的，无论身份怎样低贱，都需要别人的尊重。即便对方是一位乞丐，我们也应该尊重他。你可以选择不帮助他，但是你不能因此而训斥他，更不能伤害他的自尊心。"

对于那些男孩——未来的男人们来说，还有什么比从小培养一颗善良的心更加重要的呢？在德国人看来，作为男子汉，你可以不富有，不英俊，甚至没有才华，但却必须是一个善良的人。阴险卑鄙可能得意一时，却终有善恶到头的一天，只有善良才是终生受用不尽的宝贵财富。

第三节　正直是男子汉的首要特质

德国有句俗语：“正直才能持久。”德国著名诗人、小说家歌德也说过：“人不可能总是做英雄，但可以永远做一个光明磊落的人。”作为一种品格，正直仿佛已经渗入到德国人的骨髓中，成为一种名副其实的民族性格。一位名叫奇拉的法国人曾经讲过这样一个故事。有一次，一位德国的投资人来到他所在公司谈生意，为了尽快促成合作，法国人给出了很大的优惠条件：减少投资金额，加快工程进展速度，加强工人劳动强度……总之，只要能为德国投资人减少资金成本的措施，他们全都提了出来。但让法国人吃惊的是，这位德国投资人居然丝毫不为所动，每次谈判都会因他的沉默而陷入僵局。法国人实在没有办法了，就派奇拉作为代表，向投资人询问他到底在犹豫什么，投资人回答道：“我投资的目的是为了挣钱，但挣钱也要讲良心。如果按照你们的方案，又是缩减投资金额，又是盲目赶工期，这让我很担心此次合作的工程质量。”投资人的一席话让奇拉惊醒，他终于知道了德国人在犹豫什么。于是，他连忙回到公司，召集所有技术人员，连夜研究出一个方案，并在第二天向这位德国投资人进行了详细地技术解读，合作也就此达成了。

德国人十分注重对于孩子正直品格的培养。比如在学校里，作业基本上都是以论文的形式出现，教师会布置下一个题目，然后给几天甚至几周的时间，让学生去搜集材料、组织文章。与课堂完成作业相比，这种作业方式的优点是显而易见的，如学生自主性更高、更能锻炼动手能力等等，但缺点也是十分明显，那就是如何避免作弊。由于在大多数时间里，学生都是在无人监管的条件下寻找资料，因此很容易出现请人代笔等问题。但让人惊讶的是，德国学生几乎很少出现这种问题。是他们天性如此吗？当然不是。虽然每一个孩子本性都是善良的，但对于孩子来说，任何一种投机取巧、从而省时省力的方法都是充满诱惑力的，而他们本身抵抗诱惑的能力又十分有限。可他们没有这样做，这正是得益于整个德国社会对正直品格的重视和悉心培养。首先，德国的父母就会以身作则，身体力行地告诉孩子什么才是正直的品格。如果孩子向他们求助，他们最多会告诉孩子图书馆或网上哪些地方可以找到资料，但对于资料的鉴别和加工，使之最终成为论文，则需要孩子自己动手完成。其次，学校对于作弊的惩罚是十分严厉的。德国的学生从小学开始，毕业时就需要教师和学校给予评定和推荐信，从而进入不同类型的高中（德国共有四种类型的高中，虽然法律上这四种类型的学校所享有的权利是平等的，但实际上它们的名誉却存在着天差地别）。因此，如果学生在完成作业的时候作弊，将严重影响教师和学校对他们的推荐。所以德国的学生不会冒着牺牲自己前途的危险，去在完成作业时作弊。久而久之，这种正直的品质在正面教导和负面压力的双重作用下，便形成了。

对于男孩来说，他们正直的品格，在表现形式上与女孩有着很大区别，会更加外化，如保护弱小、反抗不公等。通常来说，男孩都喜欢竞争、富有开拓性、喜欢冒险、带有或多或少的英雄情结，这种英雄情结常常会让他们不为利益所动，不惧怕威胁，做他们认为是正义的事情。如果教育得当，男孩会把这种英雄情结所表现出来的正义感发展成优秀的男性品质，那就是正直。在对儿子的教育过程中，睿智的德国人就非常善于利用这一点因势利导。

路茨是一名德国中学生，平时就爱打抱不平。有一次，教室里少了两只钢笔，同学们都怀疑是班里的某同学拿了，便都来排斥、孤立他，话里话外都带着讥讽。路茨从心底里不认为是这位同学拿了钢笔，而且认为在没有确凿证据的情况下不能凭空怀疑，诬人清白，因为这会毁了人家一生的。班里的同学由于路茨同情这位同学，也开始疏远路茨。大有路茨不改变立场就把他也当“贼”的架势。

路茨感到很苦闷，他在给远在国外工作的爸爸的信中说：“我很可怜那位同学，我没有说他一句坏话。即使真的是他，谁能保证一生不犯错？尽管大家都和他断绝了关系，但是要我也那样做的话，我会受到良心的谴责。可我一流露出对他的同情，大家就不高兴，我心里还是挺难受的。爸爸，我该怎么做？”这位父亲非常支持儿子的做法，他在回信中鼓励儿子：“当一个人面临悬崖的时候，尤其需要朋友拉一把。如果无动于衷地旁观或者落井下石，日后回首会愧疚一辈子的。如果大家不听从你的建议，你也不必放弃自己的观点，当你力排众怒帮助了一个被遗弃的人，日后就会感到一种无愧无私的快乐。”爸爸的勉励，让路茨坚定了自己的信心，他坚持不改变自己的立场。后来，钢笔找到了，根本不是这位同学拿的。路茨用自己的正直捍卫了这位同学的名声。

这位父亲对于儿子坚持正义行为的支持，对孩子养成诚实正直的美德很有意义。在孩子遇到闲难、产生困惑的时候，父母的支持与鼓励、引导，将会对孩子的成长起到重要的作用。相反，有些家长，不仅不能为孩子做好表率，还用双重标准教育孩子，等到孩子走上错误的方向的时候，就悔之晚矣。要想让孩子成为一个正直的人，父母就要做孩子的榜样。另外，当孩子犯了错误的时候，父母也要及时纠正，当然，要注意使用正确的方法。

第四节　一诺千金

德国有这样一句俗语："信用的价值超过黄金。"德国人对信用的重视程度，在世界上都是出了名的。他们的产品制造业，宁可加大研发资金、损害外观的审美性，也要保证产品的质量。正因如此，德国的产品才会如此闻名于世，他们的各种产业也才得以快速发展。德国的工业，很长时间以来都位居世界前列。

德国人重视信用，也重视守信这种品质的培养。但就像任何一个优秀的品质一样，对于它们的培养都不是一蹴而就的。就像是种树，需要对其悉心栽培，选取适合其生长的土壤，并在需要的时候给以适当的限制，日积月累，才能最终成为笔直的木材。

在培养男孩守信的品质上，他们的父母往往会以身作则，言传身教。比如在吃饭时，美味可口的饭后甜点往往才是孩子的最爱，此时，父母会对他们说："吃光盘子里的饭，才可以去吃甜点。"然后等到孩子按照约定吃完，就信守承诺地端上甜点。

守信不是靠简单的说教培养出来的，父母必须首先做出榜样，才能让孩子信服。在培养守信品质的时候，最忌讳的就是父母当着孩子的面违背自己的承诺。如果以旅游度假为手段，刺激孩子努力学习，那么当他在期末考试中取得好成绩后，父母就一定要履行自己做出的承诺。当然，以金钱为诱饵，刺激孩子学习的方法是十分不可取的，因为这种方法虽然看上去省时省力，但长此以往，很容易导致孩子金钱至上的观念，让孩子前进的动力仅仅停留在外部奖赏上，而失去了努力拼搏获得收获的喜悦，更体会不到奋斗与创造的真正快乐。

班布里奇是德国一个知名的企业家，他一生做人的原则就是两个字：诚信。正是有赖于如此出众的人品，使他从一个普通的推销员成为一位知名的企业家。当他拥有了自己的企业之后，依然保持着诚信的作风。

有一次，班布里奇受邀到波恩大学进行演讲。在演讲结束之后，一名学生问他："企业界历来充满欺诈，在你从商的经历中有没有撒过谎？"

班布里奇说："没有，从来没有。"

大学生在下面窃窃私语，有的还轻声笑出来，因为在这种情况下，每个企业家都会这样表白。他们总是发誓，说自己从来没有撒过谎。

看到学生们不相信自己的神情，班布里奇并没有气恼，他大度地说："同学们，在这个社会上，也许我很难证明自己是个诚实的人，但是你们应该相信，这个世界上还有诚实，它永远存在于我们的周围。有这样一个故事，或许你们觉得没什么意思，但是对我来说意义却十分重大。"接着，班布里奇给大家讲起了一个故事：

有一位父亲是一个农场主。有一天，他觉得园中的那座亭子已经太破旧了，于是就想把它拆掉。农场主有一个小儿子，对这件事情非常感兴趣，于是就央求父亲等他从学校回来的时候再拆。父亲当场就答应了，但是没过几天，父亲就忘记了自己的许诺，找来工人将亭子拆掉了。

儿子放假回到家中，发现亭子已经不见了，就闷闷不乐地对父亲说："爸爸，你对我撒谎了，你说过要等我放假回来再拆的。"父亲惊异地看着孩子，对孩子说道："儿子，爸爸错了，我应该兑现自己的诺言。"于是，父亲重新找来工人，让他们按照原来的样子重建了一个亭子。等亭子建好以后，再把儿子叫过来，当着他的面让工人们将亭子拆除。

班布里奇讲完这个故事之后平静地说道："这位农场主就是我的父亲，尽管他并不富有，但是却在孩子面前兑现了自己的诺言。他现在已经过世了，但是他的儿子——班布里奇，也就是我，继承了父亲的美德。我愿意像父亲一样，诚实地对待每一个人。"话音未落，台下响起了一片掌声。

诚实守信的良好风气增强了人与人之间的信任感。在与陌生人相处方面，德国人有这样一条不成文的规则。当他遇到任何一个陌生人的时候，他都会自然而然地把对方视作一位诚实守信的正人君子，对于对方说出的每一句话，他都会毫不犹豫地相信。但是，一旦有一天他发现对方说了谎，那么他也就不再相信对方口中的任何一个字。

在德国，每一个大城市都会有一个地铁总站，通过这个枢纽，你可以到你想去的任何地方。而且，德国政府为了鼓励人们坐火车，常常给予周末坐火车旅行的团体一些特别优惠。因此在周末的时候，只要花28欧元就可以从星期五下午5点到下星期一早上周游德国境内。

不仅如此，在德国不论乘坐地铁、公共汽车或者轮渡，都没有人来检票。看到这种情况，刚到德国的皮特突然想到一个荒唐的想法，那就是可以不买票，将这点钱省下来。当他将这种想法告诉他的德国朋友时，那位德国朋友不仅没有因为他的"聪明"而赞赏他，反而对他摆手说道："的确，很多时候你不买票同样可以搭乘所有的交通工具，但是地铁或者公共汽车上仍会有人进行不定时的查票，一旦发现你没有买票，将会处以巨额罚款，同时在你个人档案中将有一笔黑色记录，以后无论你是办出国签证，还是贷款买房，或是从事其他的活动，只要需要政府帮忙的事，就很难得到同意。所以，逃票其实是因小失大的蠢事，我们是不会那样做的。”

但是皮特并没有认同朋友的说法，还是不止一次地“免费”坐车，连续两个多月竟然从没有人查过他的票，皮特因此暗暗庆幸。眼看要毕业了，找工作成了一件大事，皮特也和同学们一样四处奔波，但是却屡遭碰壁。后来，皮特在又一次的应聘失败后忍不住问了招聘负责人。想不到，对方给出的回答竟然是因为皮特有六次逃票记录。此时的皮特既感到惭愧，也深深为自己的幼稚行为感到羞耻。

即便没有人查票，德国人仍然能够约束自己，自觉买票。这种诚实守信的美德在让皮特为自己的行为感到羞愧的同时，也让他对德国有了更深一层的认识。在德国，这种在外人看来可以占便宜的机会其实很多，却没有人会去钻空子，因为大家都懂得占小便宜吃大亏的道理。

诚信是人的立身之本，是成就事业的根基，它是人生最基本的素质与道德要求，也是人与人之间关系得以维系的准绳。

男孩因为自己特定的性别身份，注定要在成年之后面临更多考验自己诚信品质的机会。随着社会关系的复杂化，诚信度成为人际考量标准。离开诚信，男孩会失去他人的信任和帮助。男孩失去了诚信，就失去了更广阔的人生。

第五节　学会诚实

诚实，是男孩应该具备的重要品格，但说起来容易做起来难，因为往往有太多诱因，无时无刻不在考验男孩的诚实品格。比如，当忘记写作业时，面对教师，是声称忘记带论文，然后为自己多赢得一天喘息的时间，还是老实交代未能完成作业，任教师惩罚？对于一个孩子来说，往往会选择前者。

请各位家长记住，逃避惩罚，是孩子说谎最主要的原因。孩子说谎会使人感觉受到愚弄，对说谎者产生厌恶，说谎的孩子因此也往往受到别人鄙视、不信任。所以，不诚实的思想行为必然遭到集体和社会的否定，有不诚实行为的孩子必定与社会环境格格不入，不相适应。这类孩子内心经常出现种种矛盾，如恐惧不安、自卑、孤僻、逆反、对抗等等，他们本身也很痛苦。有严重不诚实行为的孩子，其心理是不健康的，人格也是不健全的。因此，父母必须将培养诚实性格作为维护孩子身心健康的重要任务。

孩子的诚实教育要从小抓起，孩子的说谎行为越小越容易矫正。尤其值得注意的是，当父母怀疑孩子有说谎行为时，不要急于指责孩子说谎，也不要一通说教，因为这些做法既不能被孩子接受，又很容易伤害孩子的心灵，甚至对他们造成“负强化”。纵然发现孩子的确在说谎，也不能“凶神恶煞”，而是要找到最合适的方法加以解决，这样才更有利于孩子健康成长。

布劳恩的父亲总是把钱放在一个抽屉里，从来也没有上锁。有一次，他发现自己的钱不见了，问过布劳恩的母亲，她说没有动过。直觉告诉他们是自己的儿子动了手脚。布劳恩的父母并没有声张，等到晚上吃饭的时候，父亲装作无意的样子说："我抽屉里的钱怎么少了呢？"布劳恩只顾闷着头吃饭，红着脸一句话也不说。父母也就没有再过问。

第二天早上的时候，布劳恩的母亲又把这个问题搬了出来："奇怪，你父亲抽屉里的钱怎么少了呢。"这次，布劳恩嗫嚅看说："妈妈，爸爸的钱是我拿的。"母亲问儿子："哦，是你拿的呀，你为什么要拿爸爸的钱呢？""因为我也需要买玩具，和同学们出去玩，兜里没钱很丢人的呀！"布劳恩承认是他拿了钱之后，父母也没有再说什么，只是拍拍他的肩膀，就各自忙去了。

第二天，布劳恩合计了一下，虽然孩子的偷盗行为必须加以惩罚，但他同时也意识到了自己的疏忽。对一个孩子，特别是男孩子来说，本来就应该拥有属于自己的零用钱，好让他能够用于和朋友交际，并且学会支配自己的零用钱。他的偷窃行为，实际上是父母疏忽的产物。于是等到布劳恩放学回家的时候，父亲叫住他，说道："妈妈告诉我钱的事了。这件事我们也有责任，因为我们忘了你应该也要有自己的零用钱。不过，我想你应该知道，即使这样，偷钱也是不对的。如果你需要钱，是可以告诉我们的。为了惩罚你这次偷盗行为，这周晚饭后的餐具都归你清洗。从下周开始，你每洗一次餐具，我就给你1元钱，这样每月你都可以拿到差不多30元作为零用钱。"布劳恩低着头，既为自己的错误行为感到羞愧，又为今后能够挣到零用钱而高兴。他对爸爸说："我知道自己错了，以后我绝对不会再偷钱了，我要用自己的劳动赚取零用钱！"

家庭是孩子人生的港湾，决定孩子人生航程方向的则是孩子的品德。因此，在家庭教育中，把品德教育放在首位，是作为家长最为明智的选择。对孩子施以正确的教育，就如同在他们纯净的心灵上种下美好的种子，培养他们有益的品质，看到社会好的一面，有利于他们的健康心理的形成。请不要忘记，这是他们一生中最大的财富。

在上面这个故事里，布劳恩之所以能得到父母的原谅，一方面是由于父母意识到自己的疏忽是导致儿子犯错的根源；另一方面则是因为布劳恩自己的诚实，敢于承认自己的过失。如果布劳恩选择不认错，那么这个故事恐怕就不会有最后皆大欢喜的结局了。

孩子说谎，这恐怕是最令家长厌恶和恼火的问题之一了。但是仔细分析之后就会发现，孩子有说谎行为，是不能全部责怪他们的。孩子说谎的原因是多方面的。孩子本身就有容易说谎的心理特点，这其中既有社会的影响，也有教育方面的原因，具体来说可归纳为以下几个方面：

1. 无意性说谎

孩子由于记忆、判断上出现错误而说出与事实不相符的话，这属于无意性说谎。

2. 保护性说谎

这种说谎是为了避开父母的批评甚至打骂，是一种自我保护性的体现。孩子在过于严厉的老师或家长面前，最容易撒谎。尤其是与他们说了实话，反而遭到更加严厉的批评或惩罚时，他们就只好用谎言这个武器来“自卫”了。

3. 模仿性说谎

长辈或孩子周围的同辈群体经常有说谎的表现，就会影响孩子而引起模仿性说谎。有的父母为了让孩子听话，说假话欺哄孩子，或者当着孩子的面，对别人讲假话、吹牛，孩子受此影响也会模仿、效法。这显然是值得引以为戒的。

4. 虚荣心说谎

儿童由于自卑心理，或者为了维护自己的尊严，有时也会编造谎言。这种说谎是为了使自己在与朋友、老师和家长的交往中，处于一种有利于自己的地位。比如，考试成绩不好却说考得好，在别人而前夸大自己家庭的优越条件等。

5. 报复性说谎

儿童有时出于一种报复心理而说谎，并不是存心欺骗别人。比如他们对父母禁止他们做某件事不满而故意说他已经做了那件事情，使父母生气，激怒他们。受批评时，又固执己见，对抗父母或老师，有意背道而驰。本来是他先动手打人，吃了亏，跑到老师或父母面前却谎说别人打了他，指望得到同情支持，去惩治对手等等，都属于报复性说谎。

孩子们一方面受到“不可讲谎话”的教育，而另一方面又时常受到长辈讲谎话欺哄自己、欺骗别人的影响。有的长辈甚至还教唆、鼓励孩子说谎欺骗别人。有的孩子因为向老师或家长如实地讲了自己的过错和想法而遭到过于严厉的责备或打骂，而有时讲谎话欺骗了老师或家长反而得到表扬或奖赏。孩子们时常也体验到别人讲谎话使自己吃亏的教训，这些都使他们陷入极度的矛盾和痛苦之中。为了使孩子健康成长，培养孩子从小说老实话，办老实事，做老实人，父母要特别注意对孩子的诚实教育。

要想孩子诚实，首先家长要给孩子做诚实的榜样。如何对孩子进行有效的诚实守信教育？这是不少父母在家庭教育中面临的困惑和难题。除了孩子自身表现出来的时代特征之外，社会多元化的思想意识，以及成人间的道德失范行为，也对以简单讲道理、提要求的传统家庭教育模式提出了尖锐的挑战。

1. 家长要言教身传

在家庭中，做父母的要想把孩子培养成一个诚实、正直的人，父母首先要做到诚实正直，并用诚实正直的态度去对待子女、对待他人，千万不要以为欺骗了别人、欺哄了孩子是件值得高兴的事情，要知道长辈的说谎行为就是在教孩子如何说谎，教孩子不诚实、不正直。

2. 加强养成教育

对孩子进行诚实教育要靠父母长辈的言传身教，还要有行为规范的具体要求。也就是说要把思想教育、父母示范和行为习惯的训练结合起来，使孩子从小就接受诚实教育，按诚实标准来严格要求自己，自觉养成良好的习惯。

3. 掌握孩子生理、心理特点，正确施教

孩子说谎有其生理、心理根源。对于孩子某些由生理、心理不成熟的特点而造成的说谎，父母要正确对待。对于孩子的无意性说谎，要注意从逐步提高孩子的正确认识开始做起。

孩子的诚实其实是一种习惯的养成。父母在其成长过程中要帮助其培养这种习惯，久而久之，这种良好的习惯自然会成为一种良好的品德。在教育孩子的时候，切忌心躁，父母需要一颗耐心去读懂孩子的内心，需要一份真诚去宽恕孩子的过错。

一个从小就撒谎成性的男孩，成人后易走上欺诈、拐骗的道路。在这类男孩的心目中，诚信是不重要的东西，他们会屡次抛弃诚信，直到无人相信他。“欺骗只能一次”，任何人一旦发现自己被欺骗，就不会再次信赖你。不诚信的男孩，路会越走越窄。“诚信做人、踏实做事”在具有深厚人文底蕴的德国人那里，不仅是一种品行，更是一种责任；不仅是一种道义，更是一种准则；不仅是一种声誉，更是一种资源，是对每位成功男性处世为人的起码要求。对他们而言，诚信是一种高尚

的人格力量。只有诚信做人、踏实做事，才会让人生变得更踏实、更坦荡。

第六节　节俭的意义

德国教育学家卡尔·维特说过：“播下一个行动，收获一种习惯；播下一种习惯，收获一种性格；播下一种性格，收获一种命运。”习惯会伴随人一生，在孩子成长初期帮助他养成勤俭节俭的习惯，会使他受益终生，成为蕴藏在他内心深处的取之不尽的资本。

德国人勤俭节约是出了名的，无论是显贵的高层人士，还是普普通通的德国人，都非常注重节约，可以说德国是一个从上到下都很注重节俭的国家。

几年前，一位博士到德国的汉诺威进修。他住在当地的一个德国人的家里，为了感谢房东对他的热情照顾，博士总是在饭后抢着去洗碗。博士原本想通过洗碗来感谢房东，没想到他的这一举动让房东非常不满。原来，博士在洗碗的时候喜欢用长流水冲碗，这一现象在德国却是不被接受的。房东甚至认为：“照这样洗碗，全汉诺威的水都会被用光。”丁是，房东亲自示范，教博士节省水的洗碗方法。

和其他美德一样，节俭也不是德国人生来就会的，而是经过全社会的努力，以及长年累月的培养，才最终形成的一种国民品质。可能很多人都熟悉这样一个故事：

2007年，德国总理默克尔抵达了访问的第二站——南京。到达南京之后，施罗德被安排到索菲特银河大酒店顶楼的总统套房中休息。

看到四百多平方米的总统套房，默克尔认为这个安排过于奢侈，坚持要入住七十多平方米的普通商务客房。而这种普通的商务客房的房价仅仅为1800元，是总统套房的1/20。

第二天早上，按照原定的要求，本应该安排德国官员到专门招待贵宾的行政楼会所用餐，但是默克尔却坚持和其他的住客一样，到酒店七楼的西餐厅吃自助早餐。在用餐的时候，默克尔拒绝服务员的服务，自己到餐台前取食物。她在切面包的时候，不小心将一块面包掉在了地上，默克尔迅速地将面包捡起，放回自己的碟中。

这顿早餐，默克尔只吃了煎蛋、芝士饼、西瓜以及那块掉在地上的面包。

无论是高高在上的德国总理，还是一名普普通通的德国人，都在用自己的实际行动践行着勤俭节约的普鲁士美德。有人把世界上的人分成两种，一种人节俭得仿佛要活到永远，另一种人挥霍得仿佛第二天就要死去。男孩因为自己特定的社会性别角色，从出生伊始，就注定要在若干年后充当“挣面包的人”。依靠自己的聪明才智，不仅为自己，也为自己的妻子儿女挣得财富，换取每日糊口的面包。但当人有本事挣来金山银山的时候，还要有本事把财富留住，德国人深谙这一道理，因此，德国的父母十分注意从细节方面加强对于男孩节俭品格的养成。

海因兹已经开始读8年级了，但在使用零用钱方面，仍然显得十分随意，一切随着性子来，想怎么消费就怎么消费。为了限制他花钱的速度，父亲决定每月1日给他10欧元的生活费。然而，多年养成的习惯不是那么容易就能改掉的，海因兹照旧随意使用零用钱，毫不节制。他经常会去购买那些自己根本不喜欢的玩具，然后玩一会儿就丢在一旁，不再理会。所以，常常每月不到15日，海因兹就囊中羞涩了。每当他身无分文的时候，就会立刻去找父亲，要求父亲提前给他下个月的零用钱。开始几个月，父母心疼儿子，容忍了孩子的错误行为。这也使海因兹更加肆无忌惮，随意花钱的毛病也越来越严重了。

这天，海因兹又出现了“金融危机”，他对父亲说：“爸爸，我看上了一个新玩具，十分想要，但却需要花3个月的零用钱。”若是以往，爸爸会马上拿钱出来。然而这次海因兹没有得到想要的结果，父亲板着脸孔对他说道：“孩子，你这个月的零用钱已经用光了，只能等到下个月了，我不是你的提款机。”

海因兹接下来的日子就难熬了，看着自己心爱的玩具，却没有钱来购买，让他的心里仿佛有一只小鹿在乱撞，搅得他好几天心神不宁。他感到十分后悔，如果当初不是随意购买那些根本不喜欢的玩具，把零用钱都花光了，就不会有今天的恶果。于是，他决定接下来的几个月，除非十分必要，否则不会再花零用钱。时间一天一天过去了，小海因兹手中的零用钱也逐渐积攒起来，到了第四个月，他终于攒够了购买玩具所需的37欧元，但是此时他发现自己竟然已经对这款玩具不再感兴趣。此时，他突然对节俭有了更深刻的认识，并且为自己从前的错误行为感到深深懊悔。

德国哲学家康德曾经这样说过：“有比快乐、艺术、财富、权势、知识、天才更宝贵的东西值得我们去追求，这极为宝贵的东西就是优秀而纯洁的品德。”要想成为一名成功的男人，从小养成优秀的品德是必不可少的。在这方面，具有深厚人文底蕴的德国父母为我们做出了榜样。

德国人以节俭为美，认为勤俭节约的生活才是最舒适的生活。然而，随着时代的变迁，人们开始渐渐迷恋于奢华的生活，直接受影响的就是我们的下一代。社会的负面影响以及父母的溺爱，让孩子们丧失了自我控制的能力，占有欲望无限膨胀，只要自己喜欢，不加以思考就向父母要钱去买。一旦对某个贵重物品丧失兴趣，就会毫不犹豫地丢弃。

对于花钱大手大脚的孩子，一位退休教师深有感触："我们的一些孩子小小年纪就会乱花钱，这都是父母的错。把孩子看成'小皇帝'，从小宠着惯着，孩子要什么就买什么，必然会让孩子产生依赖、不劳而获，乃至挥霍的不良思想。"

孩子心智还没成熟，很容易受外界因素的干扰。崇尚奢侈的社会风气很容易滋生孩子们攀比的心理，谁花的钱多谁就有威信，这更容易让孩子走上歪门邪路。很多家长虽然反对孩子的奢侈浪费行为，平时也会批评孩子，但大多数时候还是治标不治本。这是因为不从根本上纠正孩子不良的生活习惯，很难让孩有所改变。

孩子将来无论做什么工作，都要走上独自生活的道路，要想生活得好，勤俭节约就必不可少。特别是对于那些要在成年后扮演"挣面包"角色的男孩子们来说，从小养成勤俭节约的好习惯更加重要。很多穷奢极欲的富人，很快就退化到入不敷出、倾家荡产的境地；很多勤俭节约的富人，总是理性规划自己的需求，延迟奢侈品的购买，保持有序节制的生活习惯，他们手中的资本因而越滚越大。

因此，家长要培养孩子养成勤俭节约的生活习惯，这种习惯会让孩子受益终生。如：吃饭时不剩饭，饭菜不随意扔掉；用水时水龙头不要开得太大，用完后要关紧水龙头；不丢弃没写完的作业本和纸张，可以留作草稿纸或他用，养成双面用纸的好习惯；生活中注意节电，光线充足时不开电灯，充分利用自然光，随手关灯，人走灯灭；安排孩子多做些力所能及的家务事，让他真正体会到劳动的艰辛和不易，从而自觉地养成勤俭节约的习惯。

当然，家长也要以身作则，让孩子在潜移默化中养成勤俭的习惯。家长的言传身教是最好的教育，家长是儿子的一面镜子，也是儿子的第一任老师。因此，家长要以身作则。生活中很多孩子在吃、穿、用上攀比成风，在日常生活中随意浪费粮食，平常在外面吃饭时大手大脚，剩的要比吃得多，为了摆阔乱点很多菜，吃不完也不打包带走，究其原因，还是家长对孩子的影响不够。如果家长在生活中就不懂得勤俭节约，让孩子自己学习勤俭节约是不可能的。

为了让孩子养成勤俭节约的好习惯，身为父母的你可以尝试下面的方法：

1．让孩子做好开销预算，能做到每一笔支出都有记录。分配给孩子的零花钱也要有固定的数目。

2．定期给孩子零花钱，不可频繁且不计数目地给予。

3．让孩子列出需要购买物品的清单，然后比较出哪个才是自己更需要购买的。

4．为孩子准备一个存钱罐，鼓励孩子将零花钱积累起来。

5．教育孩子购买物品不要追求品牌，要看实际价值。

6．告诉孩子父母工作的艰辛，向孩子坦白家庭中的实际情况。

7．教育孩子不与别人攀比，不爱慕虚荣。

每个男孩从出生开始就注定要在成年之后承担更多的社会、家庭责任：创造财富、追求伴侣、奉养父母。如果一个男孩从小花钱大手大脚，不懂得节制，又怎么可能指望他在成年之后成为一个真正顶天立地的男子汉呢。积累一份家业往往需要几代人的不懈努力，毁掉它只要一个败家子就足够了。身为父母的你，十分有必要、也有责任和义务帮助自己的儿子学会勤俭节约。

第七节　懂得谦让

20世纪30年代，一场经济危机席卷了整个资本主义国家。尤其是对德国来说，情况更为严重，一时之间，工厂倒闭、工人失业……

就在这时候，一位富有的面包师把城里最贫穷人家的20个小孩召集起来，对他们说："在上帝带来好光景以前，你们每天都可以来拿一条面包。"于是，每天清晨都可以在面包店里看到这些饥饿孩子的身影。

每当富有的面包师将面包拿过来的时候，孩子都会蜂拥而上，围住装面包的篮子你推我挤，因为他们都想拿到最大的一条面包。等他们拿到面包之后，也顾不上向好心的面包师说声谢谢，就慌忙跑开了。只有一个小男孩很特别，尽管他衣着贫寒，但是他从来没有同大家一起吵闹，也没和其他人发生过争抢。每一次他都站在最后面，等其他孩子离开之后，才拿起剩在篮子里最小的一条面包。在临走之前，他还总会向面包师深鞠一躬以表示感激，然后才捧着面包高高兴兴地跑回家。

有一天，别的孩子像往常一样抢到面包就匆匆地跑开了，小男孩上前发现面包篮子里躺着一条比以前更小的面包，但是小男孩依旧亲吻面包师，向他表达自己真诚的谢意。

回到家之后，小男孩的母亲把面包切开，发现里面竟然藏着几枚崭新发亮的银币。小男孩和他的母亲觉得非常惊奇。过了一会儿，妈妈说："孩子，立即把钱送回去，一定是面包师揉面的时候不小心掉进去的，赶快去，把钱还给好心的面包师！"

当小男孩把银币送回去的时候，面包师对他说："不，我的孩子，这没有错，我是特意把钱放进去的。我要告诉你一个道理：懂得谦让，不自私的人，上帝会给予他幸福。愿你永远保持一颗宁静、感恩的心。回家去吧，告诉你妈妈，这些钱是你的好心应得的回报。"

德国是以出众的团队意识闻名于世的，任何损人利己的自私行为都会被视为对于团队整体利益的破坏，会遭到他人的鄙视和谴责。在德国，一个自私自利的男人不仅无法获得真正的友谊，不能找到理想的好工作，甚至也不会得到女性的青睐。在这样的社会氛围影响下，德国父母从小便教育自己的孩子要学会谦虚礼让、体谅他人。

有些时候，德国人对于他人的无私谦让甚至是以一种"无法理喻"的方式得到体现的。很多年以来，德国父母一直为自己的孩子讲述着这样一个故事，同时也在潜移默化之中，播撒着无私的种子。

在莱比锡城郊有一座修道院，埃克是修道院的看门人，平时没事的时候，他经常帮助附近的果农做些力所能及的事情。

一天，果农送给埃克一大串葡萄，对他说："老人家，这是我的果园中最大、最好的一串葡萄，我把它送给你，感谢你平时对我的帮助。"

埃克觉得果农十分真诚，就收下了果农的葡萄，并且感谢说："非常感谢，修道院的人会很高兴享用这串葡萄的。"

果农离开之后，埃克望着那串晶莹剔透的葡萄，突然想起了修道院中有一个修士，最近生了重病，什么也吃不下。于是，他将洗干净的葡萄放进一个盘子中，将它送给了那个生病的修道士。

当修道士看到葡萄的时候，十分惊奇。埃克解释道："有人送我这串葡萄，但是我知道你最近什么都不想吃，也许它能带给你食欲……"

修道士十分感激地看着埃克，对他说：“谢谢你，我会永远记住你，就算是有一天我死了，也会在天堂里感激你。”

修道士拿起这一串葡萄，刚想送到嘴里，突然想起了对自己倾注了大量心血、整日整夜地为他操劳的护士。“对，应该送给护士吃！”想到这里，修道士将护士喊来。

护士以为病人出了什么状况，急急忙忙赶了过来。修道士对护士说：“护士小姐，看门人惦记着我的病，送给我这串葡萄。由于我几天来什么都没有吃，现在我吃了它可能伤胃，我想还是你吃吧，你对我一直很不错。”护士坚持让修道士吃，但是她越坚持，修道士就越拒绝，最后护士才不得不将葡萄带走了。

但是护士并没有吃这串葡萄，而是觉得如此珍贵的葡萄应该送给兢兢业业为大家服务的厨师。于是，护士来到了厨房，对厨师说：“你的心像这串美丽的葡萄一样高尚，这串葡萄送给你吧！”

厨师谢过护士的好意，又将这串葡萄送给了修道院院长。

就这样，这串葡萄在整个修道院中传来传去，转了一圈，最后又重新回到了看门人埃克的手中。埃克感到非常惊奇，他看着不再鲜美的葡萄，认为无法再将它送出去了。于是他不再迟疑，开始快乐地吃起葡萄来，并觉得这是他吃过的最甜美的葡萄。

一串葡萄在人们手中传来传去，尽管它早已不再新鲜，但却是世界上最甜美的葡萄。不为别的，就因为葡萄中凝聚了人们的无私谦让。无私谦让是世界上最美好的事物，它可以将素不相识的人们紧密地联结成一个整体，创造齐力断金、“一加一大于二”的神奇效果。也正是有赖于如此强烈的集体意识，德国才成了世界上最富有、幸福指数最高的国家之一。

第八节　遵守纪律

在欧美国家中，有一个笑话十分流行："在半夜12点开车，看见红灯还停车的，全世界只有德国人。"这一方面说明德国是一个执法严格的国家，同时也说明德国人在遵纪守法方面具有很强的自觉性。在德国，人们视遵纪守法为最高伦理原则，人们普遍存在着求稳怕乱的心理。大体来讲，德国是一个讲求团结守纪律的国家，他们在公共场合礼让老弱妇孺，不打闹喧哗，讲究公共卫生，对别人也不喜欢在背后说长道短。在德国，规章制度随处可见，使得整个国家运行起来像钟表一样精密。

为了培养孩子的这种服从精神，德国的父母和学校可谓是全力以赴。一位久居德国的美国教育工作者经过长时间的观察后，这样写道："看着雨过天晴的窗外的迷人风景，正在读书学习的德国孩子和一位美国孩子的反应会截然不同。典型的美国孩子式的做法是，情不自禁地起身跑到外面玩耍一会儿；而德国孩子很可能就会想到，我应该先做完作业再出去玩。"热爱玩耍是每个孩子的天性，但德国的孩子却会有意识地约束自己。

在德国的学校里，学生可以有充足的空间来发展自己的兴趣爱好和特长，但在另一方面，他们也有必须严格遵守的准则。一旦有学生逃学的情况发生，成年人看到后会对其严厉呵斥，警察会将他扣留，社会、学校和家庭对此的态度非常严格，会令孩子马上返校，而家长还要受到罚款或加税的处罚。所有这些都让孩子意识到，在规章制度面前没有商量的余地。

从小培养孩子——尤其是男孩——遵守纪律的品格，还能进一步强化他们的责任心。让他们从很小的时候就知道，无论自己做出什么决定和举动，都必须做好承担后果的心理准备。

赛里希夫人有个儿子，名叫菲利克斯，目前在上9年级。菲利克斯有一个坏毛病，就是总喜欢赖床。这一次，赛里希夫人决定好好教训一下孩子。她对儿子说道："我很遗憾，今天不能开车送你去上学了，你只能自己走路去学校。由于今天你起床太晚，你只能在放弃自己的早餐和上学迟到之间做出选择，这只能怪你自己。"

明确适当的奖罚原则会让正直、诚实、尽职尽责等观念深入孩子的心灵，并使这些观念确确实实成为他们的行为准则。

男孩的成长过程，是培养他们遵纪守法品格的最好时机。其实，这种品格的培养十分容易，只要做好三点就可以了：

1. 让男孩知道谁在负责；
2. 让男孩知道规则是什么；
3. 让男孩看到规则正在被公正执行。

在男孩的成长过程中，这种明确的指令有时候往往比那些"野蛮生长方式"更为有效，也更加有利于男孩尽快成长为遵纪守法、富有责任心的男人，更好地适应社会。

第 3 章

严谨的西门子

提起德国人，人们最先想到的或许就是这个民族的严谨精神，甚至可能会觉得他们“死较真、认死理”。的确，在世人的眼中，德国人确实有“死脑筋、一根筋”的毛病，其实这正是德国人所标榜的严谨性。德国人一向讲究服从命令，而且还要执行得不折不扣。德国历史学家路德维希曾经说过：“由于好战的传统和严格的训练，严谨性已在人们思想中根深蒂固。”可见，从军队到人民，严谨认真已成为德国人的主要性格之一。

德国人的严谨认真是充斥在他们生活的方方面面、点点滴滴的。就拿德国人的房屋建筑为例。虽然在式样上并不美观，但却朴实无华，整齐大方。每一种材料，如玻璃、锁、铰链、搭钮、开关、灯罩、窗帘、衣架等等，纵然是极微末的，也都坚牢稳固，毫不马虎。他们宁可失之笨重，也不愿敷衍潦草。在德国，任何一座建筑、一件家具、一项设备，似乎都为百年大计打算。因战争而破坏的东西，修复的时候也都要恢复原样。这并不是为守旧，而是表示德国的东西坚牢可靠、不易损坏的优点。在待人接物方面，他们严肃拘谨，但态度诚实可靠。如果你在路上遇到不相识的德国人，要想和他聊天，谈笑风生，似乎不大可。但如果向他问路，那么他便会不厌其烦地来帮助你，他自己不知道，会替你去请教别人，或者陪你走上一大段路，非让你弄明白不可。有一个德国汽车司机，因为把雇主送错了地方，发现后就立即开回去，向雇主道歉，并重新把他送到要去的地方，而且免收后一段路程的车资。

一群大学生曾经在德国某个城市做了这样一个实验。他们把写有“男”和“女”的两张纸片分别贴在马路上两个并排的电话亭上。结果发现，来打电话的男士统统走进了“男”电话亭，女士则统统走进了“女”电话亭。没过多久，“男”电话亭中就出现了爆满的现象，但是很多男士来到这里之后，都自觉地排起了长队，没有一个人去“女”电话亭，尽管当时的“女” 电话亭里没有一个人。

大学生们很好奇地问那些正在排队的德国人：“你们为什么不去旁边的那个电话亭呢？它明明空着。”

德国人毫不犹豫地回答：“这个规定似乎不可理喻，不过既然有规定，就必须认真遵守。”

看到这里，也许有人会嘲笑德国人的“死脑筋”。不过或许正是这种“死脑筋”的严谨态度成就了包括西门子在内的，众多德国人生活、事业的辉煌和成功。

第一节　西门子的秘密

恩斯特·维尔纳·西门子1816年12月13日出生在德国汉诺威附近伦特庄园的奥伯古特农庄。他的父亲克里斯蒂安·斐迪南·西门子曾经接受过高等教育，年轻时投身于政治运动，为维护德国统一参加过与法国皇帝拿破仑率领的法军的战斗。斗争失败后，老西门子向汉诺威当地的一名领主租借了伦特庄园，当上了一个地地道道的农民，并和爱莉诺勒·戴西曼小姐结了婚，从此开始了新的生活。西门子夫妇两人总共生育了12个孩子，其中的3个半途夭折，9个长大成人。小西门子除了一个姐姐之外，还有过一个哥哥，但是哥哥出生不到两个月之后便死去了。所以，小西门子事实上成了这个家庭的长子。

西门子童年时代的欧洲战乱频繁，兵燹相连。相比之下，西门子一家租住的伦特庄园倒成了弥足珍贵的世外桃源。小西门子的父亲种田虽然属于“半路出家”，却也兢兢业业、一丝不苟，把德国人与生俱来的严谨较真个性发展到了极致。不仅如此，老西门子在业余时间还亲自教授自己的孩子世界史和民俗学课程，他授课的内容丰富、新奇而又独特，认真程度绝对不亚于一位专业教师。这一切都在潜移默化中影响了西门子幼小的心灵。

1834年夏天，刚刚步入成年的西门子告别父母、故乡，只身前往柏林，加入普鲁士炮兵部队。经过6个月的严格训练，西门子破格晋升为上等兵。1835年秋天，西门子终于如愿以偿，被柏林联合炮兵学院录取。炮兵学院的3年学习生活可以说是西门子一生中最幸福的时光。他不仅学到了大量的专业知识，为今后的科学研究打下了良好基础。军队严格认真的生活方式也进一步强化西门子从父亲身上获得的严谨作风，令他在今后管理企业、领导团队的工作过程中受益匪浅。3年之后，西门子顺利通过了候补军官、军官和炮兵军官3次考试，成为普鲁士炮兵部队的正式军官。与此同时，他还利用业余时间开始了影响自己终生的科学研究。

从1845年开始，西门子相继发表了几篇重要的科学论文，引发科学界的强烈反响。1846年，西门子从普鲁士炮兵部队退役。并于次年，与哈尔斯克合作创办了“西门子——哈尔斯克电报机制造厂”，也就是后来人们熟知的西门子公司，开始了自己科学家兼企业家的创业生涯。

1890年，西门子将公司的领导权移交给弟弟卡尔·西门子以及儿子阿诺尔德·西门子和威廉·西门子，正式退休。此时的西门子公司不仅拥有巨额资产，成为世界知名的跨国企业，还在西门子的长期调教之下，拥有了一套以“勇于创新、严谨认真”为核心的企业文化传统和管理理念。

在企业管理方面，西门子从小受到的家庭教育，以及后来军旅生活的长期磨炼得到了非常充分的体现。全公司以总体战略为纲领，架构明确、职责分明，甚至每个焊点、每个螺丝钉都责任落实到人。西门子还非常重视保护股东和客户的权利，总是及时认真、一丝不苟地向他们提供各种相关的信息，确保企业内外的密切合作。除此之外，西门子还始终强调公司国内外所有部门要认真遵守国际和当地的法规法则，时刻注意维护公司形象。这一严谨、透明的管理和监控体系保证了西门子公司的持续性增长，也为其在世界各地取得了良好的信誉和口碑。

时至今日，西门子公司在西门子后辈的管理经营下，仍然朝气蓬勃，充满活力，排名世界500强前列。这所有一切成就都是与当初西门子的认真付出密不可分的。

在云南滇池地区有一座至今已经正常运行100年的水电站。这座水电站从设计到施工全部由德国西门子公司负责实施，使用的水轮机、发电机和变压柜也全部是西门子公司的产品。电站1911年4月建成发电，运行至今已经整整100年。抗战期间虽然曾经遭到日军轰炸，但是由于施工质量过硬，只受到轻微损伤。直到今天，电站仍然还在正常运行，为周边的村寨提供所需的电力。电站使用的主要设备依然是100年前西门子公司提供的原装机器。虽然早已过了保修期，但是西门子德国总部仍然定期派遣技术人员对电站设备进行保养维护。不仅如此，还会时常组织员工到这座电站参观考察，进行德国式的“传统教育”。

德国人有句谚语：“谨慎比大胆要有力量得多。”行走在德国的大街小巷、城市乡村，处处可以体验到严谨认真的态度。可以这样讲，“严谨认真”已经成为一种文化底蕴，深深地浸入到每个德国人的骨髓之中，成为每个人都要遵守的社会基本准则之一，也是每个人对他人进行评价的基本标准之一。严谨的德国人认真地对待自己，也认真地对待别人，做出了许多似乎“不可理喻”，却又让人敬佩万分的事情。

第二节　奇怪的问路方式

在德国民间流传着这样一句话：“魔鬼存在于细节之中。”意思是说，具有颠覆性的破坏力量常常存在于不起眼的细枝末节的地方。在当今这样一个充满竞争、物竞天择的时代，要想争创一流、做到极致，就必须学习德国人的“一根筋”，严谨认真地重视每个细节，在细节中把握机遇，在细节中创造未来。要想成为一名成功的男性，懂得这个道理尤其重要。毫不夸张地说，不具这样的严谨认真作风，在德国很可能连路都问不好。

有一次，韩彬被单位委派到德国做采访。采访完毕之后，他打算在酒店附近的地方好好逛一逛。欢时易过，由于玩得太开心，不知不觉天就已经黑了。因为明天还要早起赶飞机，韩彬打算早点回酒店休息。

结果韩彬转悠了好久，却怎么也找不到原来住的地方了。无奈之下，他只好向一位本地人问路：“请问，到某某酒店应该走哪个方向，大概要走多长时间？”德国人开始并没有理会他，这让韩彬很生气。

可是没走多远，那位德国人就追过来说：“先生，请等一等！你往前走500米，然后向右拐，再前行100米就到达你要去的酒店了，总共大概需要十分钟左右吧。”

韩彬很奇怪地问道：“那您为什么开始不告诉我呢？”

“那是因为你刚才不仅问我怎么走，还问我要走多久，我没有办法回答你。因此，只有先观察你走路的速度，然后再推算出你走到那里需要的时间。”

虽然在没去德国之前，韩彬对德国人严谨认真的态度已经略有耳闻，但是当他亲身经历之后才发现，德国人的做法远远超过了他的想象的。

第二天，韩彬早早起来乘出租车去机场。在一个红绿灯口，他们遇到了红灯，出租司机很自觉地把车停了下来。韩彬发现，这时的斑马线上根本没有横穿马路的行人，但是所有的汽车都自觉地在等候交通信号。虽然这里并没有摄像头和交警，不过所有的车辆却都在井然有序地等候，没有人投机取巧。

出租车上了高速路之后，只要是不限速的路段，司机就会把车开得飞快。但是一见到限速提示牌，司机就会毫不犹豫地将车速降低到规定的标准，并且绝对不会超过一点点。等到过了限速区，才又将车子开得飞快。看到这种情况，韩彬禁不住问司机：“这里又没有交警，车又不多，你可以适当地提提速吗！”

“不行，这是法律规定，是法律就必须认真遵守！”德国人很严肃地回答道。

或许在有些人看来，这些都仅仅是小节问题，只有“死脑筋”的德国人才会那么认真。但是古人说得好：“慎易以避难，敬细以远大。”细节决定成败，巨大的成功恰恰隐藏于平时的点滴细微之中。

德国人的严谨认真性格虽然独特，却并非是不可复制的，因为某种性格的养成往往更加依赖后天的教育和文化熏陶。所谓“严谨认真”，说到底其实就是一个“态度”问题，它代表的是一个人的承担意识、责任意识。没有任何一位老板会选择缺乏责任意识，做事稀稀拉拉的男人作为自己的员工；更没有任何一位女性会选择没有责任感，飘忽不定的男人作为自己的丈夫。强烈责任意识感召之下的严谨认真的男性必然会在事业、生活的竞争之中具有极大的优势，责任心的缺乏则可能带来工作、生活中的一系列困扰。

第三节　严谨比介绍信更重要

丹尼奥是德国一家知名企业的总经理。最近，由于他的助理辞职，很多事情都无法及时处理，丹尼奥决定重新招聘一名助理，帮助他处理各种事务。

招聘启事贴出去没几天，就来了好多应聘者。丹尼奥让人事部做了一个统计，并且进行了初步的筛选，最终确定了50个人来参加面试。为了能找到一个称心如意的助理，丹尼奥决定亲自主持面试。

经过一下午的面试，丹尼奥最后选择了一位毫无经验的年轻人。公司里的很多同事对此都非常疑惑，其中的一位部门主管还专门来问丹尼奥：“总经理先生，我想知道您为何喜欢那个年轻人？他不但没有任何工作经验，甚至连一封介绍信也没有带，更没有任何人的推荐。”

“您错了！”总经理告诉面前的主管，“他其实带来了许多介绍信。在门口的时候，他用心地蹭掉脚下带的泥土，进门后随手关上了门，说明他做事小心仔细，这是第一封介绍信；当他看到身边那位残疾青年的时候，他又立即起身让座，说明他心地善良、体贴别人，这是他的第二封介绍信；进了办公室之后，他先脱去帽子，回答我提出的问题时干脆果断，证明他既懂礼貌又有能力，这是第三封介绍信；当其他的人都从我故意放在地板上的那本书上迈过去的时候，这个男孩却俯身拾起那本书，并放回桌子上，这是他的第四封介绍信。此外，当我和他交谈的时候，我还发现他衣着整洁，头发梳得整整齐齐，指甲修得干干净净。难道你不认为这些细节就是最好的介绍信吗？我认为这些不但是介绍信，而且还是比介绍信更重要的东西。”

细节体现素质，素质体现修养，修养决定高度。一个人言谈举止中的不经意细节往往能够反映这个人的内在气质，决定事情的成败。尤其是在当今这个细节决定胜败的社会，一个人要想有所成就，就必须凭借高度的责任感，谨慎认真地对待每件事情，在细节上精益求精。一个男人要想有所成就，更应该如此。故事里毫无工作经验的男孩正是凭借这种“以小见大”的内在气质赢得了老板的青睐，获得了一个良好的事业发展点。相信一个能够时刻注意衣着整洁，随手关门的人是不会把自己的工作放任得一塌糊涂的。

家有男孩的你又应该如何学习德国父母，培养自己孩子严谨认真的责任意识呢？

第四节　饲养宠物的意义

责任心对男孩的成长十分重要，责任心是指个人对自己和他人、对家庭和集体、对国家和社会所负责任的认识、情感和信念，以及随之而来的对于规范的严谨遵守、对于责任的认真承担和对于义务的自觉履行。它是一个人应该具备的基本素养，是健全人格的基础，是家庭和睦、社会安定的保障。具有责任心的员工，会认识到自己肩负的工作的重要性，把实现组织的目标看成是自己的目标。只有学会负责，男孩才会掌握真正的竞争能力。父母帮助儿子树立责任感的关键，是给他们自由成长的空间，放手让他们自己去生活、学习和工作，与此同时让他们学会对自己的选择负责任，严谨认真地完成每个目标。

海拉涅今年四岁半了，是德国汉堡一户中等收入阶层人家的孩子。最近海拉涅对于学习有关植物学方面的知识很有热情，甚至到了痴迷的程度。他觉得那些花草实在是太美了，便苦苦哀求爸爸给他买一盆鲜花，自己种植。

爸爸同意了海拉涅的请求，趁周末带着他到市郊的花卉市场买了一盆花。父亲希望海拉涅可以亲眼见证小花生长的整个过程，并且能够自己照顾它，明白什么叫作责任。因此父亲和海拉涅约定，这盆鲜花由海拉涅全权负责，料理浇水、施肥等日常事务。

最初几天，海拉涅异常兴奋，每天耐心地给小花浇水，还根据日照情况，不断给花盆挪动位置，并拿出本子，歪歪扭扭地在上面像写日记一样，画出花朵每天的生长情况。

海拉涅的父亲看到他能够这么认真地照顾自己的花儿，十分满意。可惜好景不长，没过多久，海拉涅的父亲发现儿子给花浇水的次数越来越少了，甚至干脆忘记给小花浇水，也不再做每日记录，似乎已经把养花的事给忘得一干二净了。结果，小花开始慢慢枯萎，叶子也渐渐泛黄，生长速度大不如前，完全没有了曾经的生机和活力。

一天吃过晚饭，父亲把儿子叫到阳台，问道：“你给花浇水了吗？”

海拉涅低着头说：“没有。”

“为什么没有？”

“我……”

“我们在买这盆花的时候，是怎么说的？由谁负责给这盆花浇水？”

海拉涅沉默不语。

“你看，这盆花多么伤心，多么悲哀！她失去了美丽的叶子，变得枯黄。这都是因为你。”

在今后的日子里，受到父亲督促的海拉涅继续认真负责地给自己的花施肥、浇水。海拉涅也通过这件事情明白了，什么叫作责任感，什么叫作严谨认真。

种花养草、养小动物能培养孩子的爱心，增长知识，同时还能增进孩子的责任心。作为家长，要让男孩对自己的言行负责，一旦父母决定将某件事情交给孩子负责，就要“监督”孩子的行为，而不能采取“不管”或“无所谓”的态度，这样只会滋长孩子的不负责任，使孩子缺乏责任心。日常生活中，父母做出的承诺都要尽可能地实现。如果不能实现，一定要向孩子认真说明原因。父母要给孩子做出认真负责的榜样。告诉孩子不要轻许诺言，一旦许诺，就必须遵守。

在多数德国人看来，一个从小缺乏责任感的孩子，也必然缺乏主动性和进取心，事事都要依赖之母，行为被动，没有自信心和动力，自控力差，容易被诱惑并沉迷其中。比如无节制地看电视，玩电子游戏等，很难有所成就。这样的孩子往小了说，是对家庭没有责任感，只知被爱，不知爱人；对父母没有责任感，只知索取，不知回报。往大了说，则是对社会没有责任感，目无法纪，我行我素；对国家没责任感，只图享受，不讲奉献。因此父母必须下大功夫，从小对孩子进行责任意识和严谨认真态度的培养。特别是对于那些处于成长之中的男孩子，父母的言传身教将更有助于他们在成年之后，作为一个男人承担自己对于家庭、社会的责任。

首先，要锻炼男孩独立做事的能力，要让孩子对自己的事情负责。凡是孩子力所能及的事情，比如穿鞋、穿衣、刷牙、洗手等，父母就不要越俎代庖。而是应该多对孩子提出要求和建议，鼓励孩子认真完成自己的每件事情。当孩子遇到困难时、家长可以给予必要的指导，但不要包办代替，让孩子有机会把事情独立做好。即便孩子失败了，他也可以从中汲取有益的教训。

其次，父母要帮助男孩明白做事情要有始有终。孩子的好奇心强，什么都想试试，随意性很强，做事常常是虎头蛇尾。因此，交给孩子做的事情，哪怕是很小的事情，家长也要及时检查、督促，并对结果做出客观评价，以此帮助孩子养成持之以恒、认真负责的好习惯。

再次，要让男孩知道，光做好自己的事情还不够，还应该学会与他人分担忧愁。因此，父母应该让孩子适当了解家庭的一些困难，适当提出一些问题，听取孩子的意见，鼓励孩子发表自己的见解，让孩子感到家庭的关爱和温暖。通过引导孩子共同参与家庭事务，增强孩子的责任意识，让孩子从小懂得自己对于社会、集体的责任。

另外，父母应该鼓励男孩勇敢地承担责任。当孩子闯祸或者犯错误时，要鼓励他想办法去解决或者补偿，而不是用推诿的态度来对待自己需要面对的问题。当孩子不小心损坏了别人的物品时，要让孩子知道是由于自己的过错，才造成了这种后果，因此应当给予对方赔偿。在学校，除去学习还有哪些任务，要让孩子做到心中有数。对于没有完成的任务，应引导孩子及时认识到自己的错误。一定要鼓励孩子敢作敢当，认真对待自己的错误，不逃避责任，勇于承担后果。家长尤其不能替孩子承担一切，以免孩子丧失为人处世的责任感。

责任意识是孩子健全人格的基础，是个人能力、事业发展的催化剂。有责任心的人，才能更好地发挥自己的实力，严谨认真地对待自己、对待他人，创造辉煌的人生。一个对自己的行为后果缺乏责任心的人，很难形成社会的归属感，也很难适应当今的社会生活。所以父母必须注重培养孩子的责任意识。

在培养孩子责任意识方面，德国父母有很多非常独特的方式、方法。通常来说，鼓励孩子种植一些小花草、饲养一些小动物，是成本低廉，又切实可行的办法之一。

托马斯今年刚刚九岁，他非常喜爱小动物。当他看到其他小伙伴饲养宠物的时候，觉得非常羡慕，于是就回到家中对妈妈说："亲爱的妈妈，我想养一对豚鼠。"

妈妈笑着回答道："如果我同意你养豚鼠，那么喂食、清扫、照顾豚鼠这些工作就必须由你自己来做，因为你现在已经有能力做这些工作了，养豚鼠的主意也是你自己提出来的。如果你偷懒不想做，那你就不能养豚鼠，因为我们是不会帮忙的。"

托马斯开心地说道："我会负责的，那我现在就去准备了。"

托马斯回到自己的屋子中，就拿出一个小本子，开始在网上搜集各种和养豚鼠有关的知识。他一边看一边记，看了半天，觉得还是不够详细，于是又亲自跑到宠物店，向里面的店员请教了很多饲养豚鼠的知识。在确定自己将所有的知识都已经掌握了之后，托马斯才回到家中。

第二天，托马斯早早地跑到超市购买了专门饲养豚鼠所需要的用品，包括专用笼子、木屑、磨牙用具等。等到一切准备就绪之后，托马斯才来到宠物店购买了一对豚鼠。

在以后的日子里，托马斯非常用心地照顾这对豚鼠。比如每天什么时候喂食，食品成分应该是什么，喂水量是多少，几天清扫一次笼子之类的事情，托马斯都掌握得非常清楚，并且每次都是单独完成。

对于很多人来说，饲养宠物本来是一件非常麻烦的事情，然而托马斯却一直坚持了下来。随着时间的流逝，托马斯养的宠物越来越多。到了12岁的时候，托马斯已经养了一只兔子、两只乌龟和一只小狗。虽然养的宠物非常多，但是托马斯都将它们安排得非常合理。他把那只雪白的小兔子放在一个干净的大笼子中，笼里设有自动蓄水的小装置。两只乌龟则养在一个巨大的玻璃水箱里，水箱里还专门搭建了供乌龟晒太阳的平台。为了保证宠物健康的生长环境，托马斯定期给它们换水、做清结。不仅如此，托马斯放学回家的第一件事就是带着小狗出去溜达溜达，然后再依次去查看各种宠物，并给它们喂食。

一次，托马斯要随着爸爸妈妈去外地度假。临走之前，托马斯找了不同的朋友，在确定他们愿意并且有能力将自己的宠物照顾好的前提下，才将宠物交给他们，放心地和爸爸妈妈一起去度假。

托马斯在最初打算养宠物的时候，妈妈就明确地告诉他：饲养宠物就要对它负责。这是因为，饲养宠物是一件非常麻烦的事情。动物需要一个有条理、有责任心、严谨细致的主人。

责任心是一个人应该具备的最基本素养，是对一个人健全品格的要求。特别是对于男孩来说，父母从小对于责任心的培养可以成就他的一生。孩子只有学会对自己负责、对父母负责、对朋友负责、对社会负责，才能更好地立足于社会，成为有用之才。

第五节　母亲的道歉

失败是成功之母。人总是要犯错误的，同时又会不断正视和改正自己的错误。人对于自身错误的态度，在很大程度上恰恰反映了他的责任意识。一个对于自己过分“宽松”的人，是很难严谨认真地对待自己的工作和生活的。德国人有句谚语：“谨慎对待问题，就是智慧的一半。”在提升男孩责任意识方面，德国父母通常的做法是着重引导孩子从自身入手，正确面对和解决自身存在的问题和错误。

错误对每个人来说都是不可避免的。对于错误，应该勇敢地面对它，不要试图逃避自己应该承担的责任。人应将承认错误、担负责任的自觉根植于内心，让它成为脑海中一种强烈的意识和人生的基本信条。对于男孩来说，错误更是家常便饭，错误伴随着他们的成长。因此，父母要鼓励男孩勇敢地承认、面对错误，并帮助他们改正。

一位德国幼儿园老师曾经讲述过这么一则故事：

他和自己的一位同事早上组织孩子们活动的时候，孩子们发现地上有一张用过的纸巾。这位老师就问：“是谁扔的纸巾？”孩子们都说：“不是我扔的，不是我扔的。”搭班的另一位老师说：“谁愿意做好事去把纸巾捡起来？”

孩子们都愿意去捡，这位老师却立即制止了孩子们的行动，因为他觉得不能让乱丢垃圾的人“逍遥法外”。如果别人这次帮他捡了，他不但没有受到教育，承担责任，反而还可能会自鸣得意呢。与此同时，这种做法也剥夺了孩子承认错误的机会。为什么不想个办法让孩子主动承认自己的错误呢？

这位老师起先打算使用鼓励法引导孩子主动承认错误，就对孩子们说："老师觉得能主动承认错误的孩子就是好孩子，老师是不会批评他的。"

等了一会儿，没有人承认。这位老师就转换策略，使用激将法，对孩子们说："想要知道纸巾是谁扔的其实很容易，只要打电话给警察就行了。因为谁拿过纸巾，纸巾上就会有他的指纹，警察用一个仪器一检测，就知道是谁了。"

老师说完这些话，还是没有孩子承认是自己扔的。他就进一步采取"民主决定"的办法，看看扔纸巾的弦子会不会承认。于是就对孩子们说："要不要打电话给警察叔叔？同意打电话给警察叔叔的人举手。"孩子们都举了手。

面对这样的压力，其中的一个孩子走到老师面前小声地说："是我扔的。"老师就问他："那刚才你为什么不承认？"他说："我害怕老师批评我。"

看到这个孩子最终能够勇敢面对自己的错误，老师也兑现了一开始的承诺，不但没有批评他，反而表扬了他的认错态度，肯定了他的诚实行为，并且原谅了他的过错。

人最重要的是诚实，要认真面对自己的错误。面对犯了过错的孩子，父母首先要像案例里的德国老师那样，用善意的言语、引导的方式让孩子明白事情做错了，然后要鼓励孩子有信心和勇气克服并改正，让他知道一个人犯了错误或者做错了事并不可怕，可怕的是不能认真面对和改正自己的错误，知错不改，一错再错。要让孩子心甘情愿，严肃认真地去面对、改正自己的错误。

除此之外，家长应该让孩子明白他不会因为认错而受到处罚，并且在孩子承认了错误之后还应该表扬他的认错态度。要告诉孩子：“每个人都会做错事，知错能改还是好孩子。如果不承认错误或者找借口就是不对的，是对别人不负责任，更是对自己不负责任。”如此一来，男孩就会在面对错误、改正错误的过程中，提升自身的责任意识，严谨认真地对待自己的工作，对待自己的生活，对待自己的家人和朋友。成为一名事业有成，受人尊敬的男子汉。

人们常说：榜样的力量是无穷的。在教育孩子的过程中，父母就是孩子最好的榜样。为了帮助孩子通过认真面对自己的错误提高自身责任意识，父母们可以学习下面这位以身作则的德国母亲的做法。

一个名叫玛丽的德国女人，是一个普普通通的家庭主妇，她有一个九岁的儿子约翰尼，他的腿有点跛。

从小，玛丽就十分注重对约翰尼的教育。不仅让他单独做自己的事情，还时时刻刻为孩子做出榜样。

在小约翰尼为自己制订的时间表中，每个周六都是他的“劳动节”。每到周六的时候，小约翰尼都会提着小水桶和打扫工具打扫他们居住的房子。尽管小约翰尼的腿脚不太灵活，但是每次都不让别人帮忙，即使偶尔摔倒了，也看不见玛丽去扶他。

有一个周日的早上，玛丽和约翰尼约好一起去博物馆。正打算出门的时候，玛丽突然接到一个重要的电话。接完电话的她告诉约翰尼说：“我要马上出去一下，有一件要紧的事情等着我马上过去处理。你先去博物馆门口，然后在那里等我。8点40的时候，我一定会赶到那里和你会合！”玛丽说完后就急匆匆地走了。

于是，小约翰尼就自己先出发去博物馆门口等着。看着时间还早，他就不紧不慢地散步前往，以便打发时间。等他到达博物馆门口的时候，正好8点半了。小约翰尼心想妈妈估计不可能按时到达了，于是就开始站在博物馆门口无聊地看着熙熙攘攘的人群。

令约翰尼意外的是，他突然看见玛丽朝着博物馆门口飞奔而来。等她到了小约翰尼身边的时候，已经上气不接下气了。

“妈妈，你不用跑得这么累，时间刚好，不用太着急了。”小约翰尼一边看时间，一边和她说。

“不，对不起，我迟到了，非常抱歉！”玛丽抱歉地说道，“非常抱歉，约翰尼！请你原谅！”

小约翰尼疑惑地看了看手表，才八点四十一，然后说道：“没什么，才一分钟而已。”

“一分钟也是我迟到了，对不起！请原谅！”玛丽再次道歉。

这发生在博物馆门前的一幕深深地印刻在约翰尼幼小的心灵里。受玛丽的影响，长大后的约翰尼也养成了严谨认真、有错必改的好习惯。

德国人素来以严谨著称于世，他们对待身边的事情，无论是大还是小，一律非常认真。在很多人看来，这种做法未免有些小题大做。尤其是向玛丽遇到的这种情况，因为自己临时有事，迟到了1分钟，还要向自己的儿子不停道歉，似乎没有必要。

正如前面所说，父母是孩子的第一任教师，父母的一言一行无时无刻不在影响着自己的孩子。如果想让自己的孩子成为一个严谨认真，有责任感的人，父母就必须从自身做起，为孩子树立良好的榜样，要严格要求孩子，更要严格要求自己。

第六节　没有借口

所谓“借口”是假托的某种理由，是人们在不知不觉中养成的一种不好的习惯。人一旦养成了找借口的习惯，工作就会变得拖沓，而且没有效率。在这种坏习惯的作用下，哪怕是做出了不好的事，也会觉得是理所当然。不管是在生活，还是在学习中，特别是在面对突发事件时，这种惯性作用就表现得特别明显。

心理学研究发现，出于自我保护的本能，人们在犯下某些过错的时候，往往会有意、无意使用谎言和借口对自己的错误进行掩饰。在这方面，大人如此，孩子更是如此。一次文过饰非的成功，可以导致第二次、第三次类似行为的发生，最终习惯成自然，让人不敢，也不愿正视自己的错误，甚至通过各种借口将自己犯下的错误归咎于他人。这样的人不仅很难借助错误总结经验教训，实现自我提升，还很容易导致周围人群的反感，造成人际关系的恶化。这对于男性在事业、生活方面的成功，无疑是有弊无利的。

为了避免类似的情况发生在自己儿子的身上，男孩父母首先应该严格自律，为孩子树立良好的榜样；其次还应该时刻注意孩子身上出现的不良苗头，帮助孩子正确认识自己的错误，避免让借口成为习惯。只有让孩子从小养成严谨认真的好习惯，才能够为孩子今后的发展打下良好的基础。

著名的德国心理学专家玛威尔逊曾经指出：“一个人犯错误并不是可怕的，但是为自己寻找借口推辞责任却是很不可取的。这样就证明他还有可能犯同样的错误。假如一个人并不是很有能力，但是从来不寻找逃避责任的借口，那么他就是一个优秀的人。”

事实证明，人如果在工作、生活中以某种借口为自己的过错和应负的责任开脱，第一次可能会沉浸在借口为自己带来的暂时的舒适和安全之中而不自知。但是，这种通过借口所带来的“好处”会让人第二次、第三次为自己的错误去寻找借口，因为在潜意识中，尝到借口的甜头的人已经接受了这种寻找借口的行为，并且最终将其强化为一种习惯。这是一种非常可怕而且消极的心理习惯。它会让人在工作、生活中变得拖沓而没有效率，会让人变得消极而最终一事无成。

人的习惯是在不知不觉中养成的，是某种行为、思想、态度在脑海深处逐步成型的一个漫长的过程。一旦某种习惯形成了，就具有很强的惯性，也很难根除。它总是在潜意识里告诉你，这个事应该这样做，那个事应该那样做。在习惯的作用下，哪怕是做出了不好的事，人也可以借助寻找借口的方式获得解脱。特别是在面对突发事件时，习惯的惯性作用就表现得更为明显。

人的一生会形成很多种习惯，有的是好的，有的是不好的。良好的习惯对一个人影响重大，不好的习惯所带来的负面作用会更大。小孩子因为特定的心理、生理特点，很容易在不知不觉中养成找借口的习惯。这种习惯会对他的一生造成多大的影响，父母、老师很多时候根本无法预测。唯一能知道的就是，孩子如果从小就养成找借口的习惯，那他肯定是做不了一番大事业，做不出什么好成绩的。

借口，也许是消积习惯的一种生存方式与独特的存在状态，但正是这种状态的超强生命力，使大部分原本有能力成为优秀人物的人最终却被借口击得一败涂地，自己还浑然不觉。也许你会有这样的疑问：借口可以和习惯联系在一块吗？真的有这么严重吗？答案是肯定的。正是这种经常性的习惯在潜移默化中影响着人的潜意识，潜意识进一步地影响着人的工作、生活。所以，父母应该让孩子加强自己的责任感与主动性，并让主动性与责任感带着孩子们驶向更为宽广的领域，尽情舒展与充实自己，真诚对待自己的错误是明智和理智的行为。有些时候，与其为寻找借口费劲脑汁，不如对大胆说出："我不知道"或者"我错了"。

不幸的是，在日常工作和生活中，我们经常可以听到这样或那样的借口。上学迟到了，就会有"路上堵车"、"昨晚睡晚了"、"闹钟没响"、"今天家里有事"之类的借口。学习不好、成绩下降，就会有"管理不好"、"政策不好"或者"我已经尽力了"等等的借口。只要有心去找，借口总会有的。

为了培养杰出的男孩，身为父母的你就要告诉他："生活没有借口。逃避责任，逃避困难，逃避自己的错误，那就等于放弃自己的未来。"要让孩子抛弃找借口的习惯，不要害怕犯错误，不要害怕会被责罚，不要害怕会丢面子，更不要害怕会失去威信。严谨地面对自己的每个问题，认真寻找解决的办法。如此一来借口就会离你的孩子越来越远，而成功就会越来越近。

中国人常说："成大事者，不拘小节。"然而这句话却很难适用于以严谨认真著称的德国。在当今这个"细节决定成败"的时代，某些今天的小问题却可能在今后发展成为事关生死的大问题。通过借口文过饰非的现象在每个人的身上都可能存在，但是父母却不能因此放松对于自己和孩子的要求，而是应该让他们明白：任何情况下都不应该为自己的错误行为寻找借口，逃避责任；文过饰非可以逃避一时，却终将害人害己。关于这方面，下面这个发生在德国的故事非常具有启发意义。

1944年的冬天，盟军完成了对德国的合围。德国法西斯政权此时已经名存实亡，德国民众的生活陷入前所未有的困境之中。

当时正值严寒的冬天，人们却没有足够的食物和棉衣御寒，就连取暖也已经成为遥不可及的梦想，因为大量的煤炭都运用到战场上去了。幸运的是，在德国境内有着漫山遍野的树林，这些树木就是冬天中最好的取暖材料，只要能将它们砍下来，就能保证取暖。然而，德国民众并没有这么做。他们宁可挨冻，也没有一个人去近在咫尺的树林里砍伐树木。尽管当时的德国已经处于崩溃的边缘，法令松弛、政府机构形同虚设，根本没有人管这些事情。

无奈之下，德国政府只好下令，允许民众自己上山砍柴伐木来过冬取暖。然而即便政府已经下令，人们也没有一窝蜂地冲进树林里乱砍滥伐，而是先由林业部的人在树林中将枯死的树木和不成材的树木上做好标记，然后大家再按照树上的标记进行砍伐。

在当时那种情况下，即使砍伐错了树木，也不会受到法律的追究。因为所有的警察和军队都已经上前线了，根本就没有人会去操心林子里的几棵树。但是所有的德国人都在树林中仔细地寻找有标记的树木，有时为了寻找树上的标记，甚至会浪费一两天的时间。即使这样，大家仍然没有毁掉一棵没有标记的树，哪怕它就在自己的家门口，哪怕是面临冻死的危险。

大兵压境、四面楚歌，此时此刻，生存已经成为每个人的第一要务。在这种情况之下，法令规章形同虚设，任何错误行为都可以得到宽恕和谅解，甚至根本不需要借口。然而严谨认真的德国人却正是在这样一个特殊时刻把自己的“死心眼儿”发挥到了极致，用自己的生命诠释着“任何时候都没有借口”的永恒信念。

第七节 学会反省

赵本山在他的小品《心病》里有句非常经典的台词："人犯了错误不怕，犯了就改，改了再犯嘛。"除了使用借口文过饰非，在一些孩子身上，还存在着另外一种极端情况，那就是乐于认错、急于认错，却仅仅将对于错误的认识局限于口头，将认错当作廉价换取宽恕的简单行事。因此，家有男孩的德国父母在帮助自己孩子正视错误的同时，往往还要引导他对自己的错误进行深入反省，真正从中吸取教训，获得身心素养的提高，而不应该将对于错误的认识停留在表面。

个人之所以能够不断地进步，根本原因在于不断地自我反省，找到自己的缺点或者做得不好的地方，然后改正错误、吸取教训，以严谨认真的态度去做好每件事情，从而取得一个又一个的成功。

对于孩子来说，仅仅认识到自己的错误是不够的，还应该学会自我反省。自我反省是孩子成长的秘诀之一，不会自我反省的孩子永远也长不大。孩子通过反省可以及时修正错误，不断地调整精神信息系统接收信号的灵敏度和准确度，以确保信息系统不出现紊乱。学会自我反省的孩子，就等于掌握了自我完善和健康成长的"钥匙"。有鉴于此，父母一定要重视培养孩子自我反省的习惯。那么，德国父母们有什么好方法来培养孩子自我反省的习惯呢?

在这方面，德国父母的方法多种多样，但是多数人首先要做的就是要让孩子不要拒绝批评，认真思考自己存在的问题。忠言逆耳，良药苦口。每个人，当然也包括每个孩子与生俱来都喜欢受到表扬，不喜欢接受批评。但是，一个人应该学会坦然接受批评，这对于他的成长是有好处的。心理学家通过一项专题研究证实，那些难以接受批评的孩子长大之后，大多会对别人的批评采取“避而远之”或干脆“拒之门外”的态度。因此，父母应该让孩子在幼儿时期就学会接受批评。这不仅能够塑造孩子完整的人格，也可以帮助孩子在其他方面取得成功。怎样让孩子学会接受批评呢?

1. 批评孩子的方式要正确

在教育孩子的过程中，要注重赏识教育，坚持以表扬为主。但是对于孩子来说，只听到表扬是不利于他的成长的。父母应该有意识地肯定孩子好的一面，同时对孩子的不良方面提出批评意见。父母在批评孩子的时候，应该注重维护孩子的自尊，不仅要讲究批评的方式和方法，而且对孩子的评价也要适当，不要过分夸张。批评孩子的语气要温和，态度应该中立。父母应该让孩子明白的是，在接受他人批评的时候要认真倾听，正确对待批评，用自己的心去面对，用思考的头脑去反省。

2. 给孩子解释的机会

父母在批评孩子的时候不要太专制，应该允许孩子进行解释。有时候，父母的批评往往是根据自己的推断进行的，往往会与孩子的真实意图存在隔膜。父母如果允许孩子对事情做出恰当的解释，不仅可以更全面地了解事情的真相，也可以引导孩子更好地进行自我反省。当然，父母应该让孩子明确知道的是，允许他做出解释，并不意味着让他推卸责任。

除此之外，父母还应该让孩子学会总结经验教训。总结经验教训是对自我行为的一种反省。父母不要把自己的价值观强加给孩子，而是要善于引导孩子进行总结。当孩子直接感受到行动与结果之间有某种关系后，他们往往会先想一想再采取行动。孩子可能会对自己的行为有一个预先的评价，并且还会观察是否会出现他们预料的结果。如果结果正如他所想的，那么他就会继续这么做。如果结果与他想的不一样，孩子就会总结经验教训，调整自己的想法。这也是一个人处世为人最基本的一种能力。

反省对于每个人的成长都是非常重要的。人非圣贤，没有谁敢保证自己在人生的道路上不犯错误，学会反省是认识错误、纠正错误的必要过程。父母要让孩子懂得经常总结经验和教训的必要性，学会自觉地进行反省，才不会在同一个陷阱里跌倒两次，才会加快成功的步伐。为了帮助儿子学会自觉反省，家有男孩的父母可以借鉴德国学校教育小学生的这种做法。

小奥茨是德国一所小学一年级的新生，刚到学校报到的时候就和所有同学一样，每人领到了一个绿色封皮的“成长记事本”。老师告诉他，这个记事本不是学校提供的写字本或者作业本，也不是一般的日记本，而是用来记录自己的成长经验的。如果你今天做对了一件事情，就把它记在本子里，总结一下自己为什么能做对；如果你今天做错了一件事情，也把它记在本子里，反省一下自己为什么会做错，以后应该怎么改进。

放学回家之后，小奥茨按照老师的要求，在爸爸的帮助下在成长记事本上记录了如下内容：

星期一：我为濒临灭绝的灰鹤捐了1欧元零用钱，受到了老师的表扬。

星期二：今天晚上，我迷迷糊糊地睡着了，忘记了关灯，结果灯开了一夜，浪费了大量的电，真是不应该。

星期三：今天上图画课时，我把油彩弄到了同学身上，还不向他道歉，反而还和他吵了起来。想到这些，我真为自己感到惭愧。

星期四：今天下午回家路上，我为一位迷路的外国旅行者指了路。帮助别人让我感到很快乐。

星期五：今天我上课的时候不认真，看窗子外面的小鸟，被老师批评。以后上课一定要认真。

星期日：按照家里的规定，今天该我去倒垃圾，但是我发现我家的垃圾袋还没有分类。于是，我不顾臭味，耐心地将垃圾分类，然后再倒入垃圾箱中。邻居们为此夸奖了我。

或许此时年幼的小奥茨还不能明白他记在成长记事本里内容的全部意义。但是若干年之后，当他再次翻开这个小本子的时候，一定会感慨颇多吧。

除了“成长记事本”，你也可以借鉴下面这位德国老板管理员工的办法，让孩子针对某个问题不断进行自我超越，培养他的反省意识。

马利克是一家知名企业的产品策划人。虽然刚从大学毕业，但能力极强，对老板交给的任务总能够顺利、漂亮地完成。

一次，老板交给他一项新的任务，并且连续嘱咐了好几遍：“这个项目你一定要努力做到最好，因为这些新的产品将要进入国际展览的，务必要做到最好。”

回到办公室，马利克心想：“既然是这么重要的任务，那么我只有多费心，将它做到最好了。”为此，马利克用了将近一周的时间搜集各种资料，然后又画了很多草图。经过一周的连续加班，一套满意的方案已经呈现在马利克的面前。

马利克满以为会得到老板的赏识，孰料在他将方案交给老板的时候，老板只是大致看了一遍，然后就问了一句话："做得很不错，看得出你是费了心思的，不过这是你最好的方案吗？"面对着老板的疑问，马利克竟然不敢做出肯定的回答，只好把方案拿回去重新进行修改。

三天之后，马利克带着修改后的方案又一次踏进了老板的办公室。谁知，老板仍然只是大致看了一遍，就问道："这次比上次又有了很大提高，不过，这已经是最好的方案了吗？"马利克还是不敢肯定，只好再次拿回去进行修改。反复修改了两次之后，马利克第三次拿着方案走进了老板的办公室，自信地对老板说："这是我认为最好的方案了。"这时老板才真正开始认真推敲马利克的方案。

看完方案之后，老板满意地点点头，然后又问道："知道我前两次为什么要那样做吗？"马利克不知所措地摇了摇头。

老板继续说道："我反复地让你修改方案，主要是想让你记住无论在工作，还是在生活当中，永远没有最好的，只要不断地努力，就一定能够超越已有的成就。"

儿童教育学研究显示，当孩子犯错误的时候，过分直接的批评很容易挫伤孩子的自尊心，对他的成长造成不良影响。为了避免对孩子造成伤害，父母可以借鉴故事中那位德国老板的做法。对孩子表现出的闪光点要及时肯定，与此同时，又要不断对其进行鞭策，提出更高的要求，让孩子在实践中学会自我反省，最终实现自身素养的提升。

德国人有句谚语："严谨慎重，智慧之母。"德意志民族正是依靠其严谨认真、精益求精、不达目的誓不罢休的民族性格，培养出了类似西门子那样成功的企业家，创造了一个又一个人间奇迹，屹立于世界民族之林。

在当今社会，任何一个男孩要想成长为一名成功的男人，严谨认真都是其不可或缺的必备素质之一。只有像包括西门子在内的众多德国人那样，凭借高度的责任意识，在严谨中创造卓越，在认真中追求完美，严肃面对自己成长的每一个步伐，反省自己的成败得失，才能真正实现自己的生命价值，开拓属于自己的一片天地。

第 4 章

坚忍的力量

在今天的德国依然流传着这样一个关于西西弗斯的神话故事。西西弗斯因为得罪了天神，被罚去一座大山底下作搬石头的苦役。他必须要把一块小房子一样大的巨石从山脚推到山顶，才能获得解脱。然而人的力量毕竟是有限的，每回推到一半的时候，西西弗斯就会连人带石头一起滚回山脚。但是西西弗斯并没有放弃，他站起来，擦擦流血的伤口，又开始往山顶推。就这样推上去、滚下来，滚下来、推上去，延续了几千年，西西弗斯依然没有放弃。他因此成为无数代德国男性心中坚忍执着精神的化身，感召、激励了包括俾斯麦在内的众多优秀男性。不屈不挠、坚忍不拔，率领德国从分裂走向统一的“铁血宰相”俾斯麦就是这些优秀男性中最耀眼的一位明星。

第一节　铁血宰相

奥托·冯·俾斯麦（1815—1898）是德国19世纪伟大的政治家、外交家。他所处的那个时代，正是资本主义生产方式在德国迅速发展的时代。为了冲破封建割据对经济的阻碍，德国的统一被提到了历史的议事日程。在当时的情况下，德意志的统一存在着两条道路。一条是“自下而上”，由民众起来革命，推翻封建势力，建立统一的民主共和国；

另一条是“自上而下”，通过王朝战争把德意志诸邦统一在普鲁士或者奥地利君主的领导之下。德国最终通过第二条道路走向了统一。在这个过程中，俾斯麦建立了卓越的功勋。这其中虽然不乏“时势造英雄”的偶然因素，但是另一方面，俾斯麦之所以能够创造人生的辉煌，完成几代德国人的梦想，成为历史的宠儿，又与其人生早期受到的教育、磨炼密不可分。

俾斯麦的父亲费迪南德幼年时代即进入军校，曾在腓特烈大帝侄子的麾下与法国人打过仗，战争结束后退伍，1813年又再次穿上军装，几次在战场上力挽狂澜，并因此被授予十字勋章。以从军为终生职业的父亲从俾斯麦降生开始，就严格按照一名士兵的标准从身心两个方面培养儿子的男子气质。童年时受到的严格培养，使俾斯麦受益终身。

比如在俾斯麦5岁那年，父亲便开始带着他去森林狩猎。森林里边黑漆漆的，又潮湿、又阴冷，而且野兽出没，父子两个经常一去就是一天。年幼的俾斯麦得不到来自父亲的任何帮助，唯一的选择只能是紧紧跟在父亲身后，生怕一个没留神自己就被“狼外婆”抓走了。春去秋来，勃兰登堡的崇山峻岭里经常可以看到一高、一矮，一老、一少，两个默不作声的身影穿行在丛峦叠翠之间。

有一天，父子两个像平常一样行走在一条走惯了的小路上。离着池塘还有很远，就听见有人高声呼救。原来是个“倒霉蛋儿”一不小心，掉在池塘里了。俾斯麦心想，这下总算到了爸爸大显身手的时候了。没想到父亲救人的思路却非常与众不同。他不慌不忙地走到水塘边，把后背背着的枪摘了下来，对准池塘里的落水者，凶神恶煞地大喊：“混蛋，赶紧滚上来，要不然老子一枪崩了你，省得你再受罪。”落水者被这个从天而降的“活阎王”般的人物吓了一跳，甚至忘了呼救。在确定对方不是开往笑之后，他开始手脚并用地向着岸边挣扎，终于爬了上来。除了喝了一肚子污水，踩了两脚烂泥之外，也并没受什么太大的伤害。父亲看了看他，默不作声地背好枪，继续往森林里走去了。小俾斯麦紧紧地跟在后面。

走着走着，从来沉默寡言的父亲突然开口了：“你可能觉得我是不是疯了，不下水救人，反倒用枪指着落水者。其实我知道那个池塘根本就淹不死一个大人，除非他自己放弃了自己。一个主动放弃自己的人，别人也就没有必要帮助他了。”

这一幕深深地印刻在小俾斯麦幼小的心灵里。多年之后，虽然父亲已经不在人世，他却依然常常向自己的妻儿、朋友提及这件事情。

1822年，8岁的俾斯麦在柏林威廉街139号普拉曼学校注册上学。该校是由基督教新教中历史较为悠久的福音派牧师于1805年创建的。德意志的著名作家和爱国体操运动的创始人路德维希·雅恩曾一度在这所学校任教。雅恩认为通过持之以恒的体育锻炼，能够加强青少年智力的发展，将来便能从事各种高智力的活动。要是每个青少年的体魄健壮，那么整个国家就能够得到振兴。俾斯麦在学校里很快就学会了游泳和击剑，体操训练使他的身体更加结实强健。不仅如此，学校还让每个孩子自己在校园里耕种一小块土地，让他们亲身体会劳动的艰辛。从小便接受父亲严格教育的俾斯麦在这里如鱼得水。第一学年结束，老师在俾斯麦的操行评语单上写道：“该生性格开朗、热情奔放、坚忍执着，受老师同学们喜爱。”

1848年欧洲革命爆发之际，俾斯麦临危受命，被任命为普鲁士首相。从此获得了比他的父亲更广阔的展示个人才能的舞台。19世纪末的欧洲可谓暗流涌动，烽烟四起，俾斯麦适时而出，恰恰成为那个力挽狂澜的人。面对当时纷繁的“乱世”，俾斯麦正确地估计形势，认识到统一德国的历史必然性，将统一德国、富强德国作为自己终生的奋斗目标和抱负。期间虽然遭遇重重困难和挫折，却始终坚持不懈，纵横捭阖，排除干扰，实行“铁血政策”，几起几落，最终实现了自己的梦想，创造了人生的辉煌。列宁曾经这样评价俾斯麦：“俾斯麦顺应时势，全力以赴，表现了他的毅力，反映了他的胆识，在统一德国的过程中起了积极的作用，依照自己的方式，也依照容克的方式完成了历史上进步的事业。”有句话说得好：机遇总是眷顾有准备的人。如果没有人生早期看似残酷的严格培养，俾斯麦是不可能在后来创造超越常人的历史功绩的。时至今日，以“铁血宰相”闻名于世的俾斯麦虽然争议颇多，有褒有贬，毁誉兼之，却依然是众多德国男孩从小仰慕和模仿的对象。俾斯麦的坚忍执着，成为德国精神，特别是德国男性精神的集中体现。了解这一成就俾斯麦功绩的德国男性精神，对众多家有男孩的中国父母教育自己的孩子是意义深远的。

第二节　永不言弃

永不言弃，是对目标的追求，是对生活的态度，是一种精神，是一种最重要的品格和大成的智慧。在人生的道路上，给自己设计一条奋斗之路的目的，就是要认准人生奋斗的目标。一旦目标确定，就要全力以赴，以积极执着的态度来完成各项工作，真正做到永不放弃。当然，人生不如意事常十之八九。在遭遇失败、挫折时，应该不退缩、不动摇。失败并不可怕，可怕的是被暂时的失败所击倒。

多数男性天生就必定要比女性面临更多的人生挑战。每个男孩从降生开始就要准备着在若干年之后，依靠自己的智慧和双手赢得应该属于自己的一切。在这个过程中，失败和挫折是在所难免的。所以，男孩父母更要从小注意培养孩子永不言弃的精神，因为一个轻言放弃的男人最终是难成大器的。在德国，至今仍然流传着一个关于淘金者的故事。

话说在19世纪末期的时候，美国旧金山发现了大片的金矿。金矿里的黄金储量非常大，以至于有些幸运儿根本就不用挖掘、淘洗，直接就可以在小溪的河床上捡到大块的天然金块。旧金山发现黄金的消息很快不胫而走，在那个电报、电话刚刚发明的年代，以自己的最快速度传遍了整个欧洲。

唾手可得的黄金梦吸引了大批大批的欧洲移民来到旧金山。很快的，最容易被人们开采的金矿就被大家攫取殆尽了。人们只好挖地三尺，希望能在更深的底层找到黄金。再到后来，由于淘金者越来越多，要想找一块地方挖黄金碰碰运气也成了相当困难的事情。于是，会做生意的美国人就把剩下的土地划分成小块，组织拍卖会，高价出售给前来淘金的欧洲移民。

德国小伙子海因茨也是这股淘金大潮中的一员，他很幸运，在拍卖会上用家里东挪西借的500美元买下了一块土地。土地到手，接下来是一夜暴富，还是倾家荡产，就完全要看海因茨的运气了。纯朴的德国小伙二话没说，就像在家干农活一样，撸起袖子卖力气地挖了起来……

很快的，20天过去了，海因茨像个鼹鼠一样把那块地方挖得到处都是深坑。每次铁锹碰到硬物都会让海因茨兴奋万分，然而每次兴奋过后等待他的又都是深深的失望。

转眼间，又是20天过去了，全部土地只剩下最后一小片还没有挖掘，此时的海因茨面临祝贺艰难的选择。他可以把剩下的土地再拿到拍卖会上卖给别人，这样最起码还能卖到100美元，起码回家的路费就不用发愁了。他也可以选择继续挖下去，不过如果还是什么也挖不到，等待他的命运或许就是饿死在异国他乡，再也见不到故乡的亲人。

海因茨权衡再三，骨子里那股不服输的德国人性格终于还是占了上风，他决定坚持挖下去，并且相信自己一定能够得到上帝的眷顾。

就这样又过了10天，海因茨已经快到了山穷水尽的地步。就在这时候，铁锹再一次触到了硬物。已经被一次又一次的“惊喜”搞得失去信心的海因茨麻木地把那块硬物抛出来，扔到了身边的空地上，以为这次又是上帝在和自己开玩笑。出乎意料的是，那块硬物在阳光的照射下真的放射出夺目的光芒——一个大金矿终于被海因茨发现了。

究竟是什么救了故事里的海因茨呢？笔者认为，真正救了海因茨的正是他自己的那种永不放弃的坚忍性格。在面临去留选择的时候，海因茨本来可以选择放弃。这样一来他不仅可以平安回家，还可以省下一笔资本，不过为此付出的代价却可能是把机会送给别人，自己的一生都要在悔恨中度过。幸运的是，海因茨选择了坚持，命运也就真的眷顾了他。

当然了，为了培养男孩永不言弃的精神，你不一定非要把他送到某个地方去挖金子、挖石油。很多时候，生活中的一些细节问题也可以起到锻炼男孩意志，培养坚忍性格的作用。比如搭积木。

每个孩子都是父母的心肝宝贝，当他们遇到难题时，家长往往会挺身而出、越俎代庖，把这种障碍排除掉。或许在家长看来，这是自然而然的事情。然而，家长的代劳让孩子失去了许多体验的机会，也形成了很多性格上的缺陷。习惯了父母呵护的孩子，会产生一种习惯性的思维，在遇到困难、挫折的时候总会临阵退缩，把希望寄托在别人身上。长此以往，这样的孩子必将一事无成。

明智的德国父母却从来不会这样做。在他们看来，每个孩子从出生开始就具有与成人等同的权利，这其中当然也包括接受挑战、体验挫折的权利。每个孩子必须学会适应失败，但是，也必须养成永不放弃的习惯。

瑞克是个德国小学生。像其他很多孩子一样，瑞克对玩特别感兴趣，而且特别喜欢玩积木。有一次，瑞克画了一幅关于宫殿的画，并且兴致勃勃地把几盒积木混在一起，摊到地上，准备按图纸建造一项“浩大的工程”。但是，这个“工程”实在是太浩大了，瑞克整整搭了一下午，也只完成了其中的一小部分。

吃过晚饭，瑞克对这个“建筑”失去了耐心，准备收拾起来，上床睡觉。

一直暗中观察他的父亲拉住瑞克的手，“来，爸爸和你一起搭。”

“好啊。”瑞克笑了，“我要搭一座宫殿，一座属于我自己的宫殿。”

有了父亲的帮助，“工程”的进度明显加快。第二天是星期六，父亲又带着瑞克忙活了一整天，终于把“宫殿”搭完了。搭完最后几块积木之后，父亲特意拿出了相机，和瑞克在积木前拍照留念。

这件事情，在瑞克脑海里留下了极深的印象。

习惯都是在平时的一点一滴之中养成的。好的习惯如此，坏的习惯也是如此。今天遇到一点困难放弃了，明天遭遇一点挫折又放弃了，天长日久，必然会对孩子的成长造成不良影响。让他们变得畏首畏尾，难以承担重大责任。正是因为明白这一点，父亲才适时出手，帮助瑞克坚持了下来，完成了自己的最初目标。

弗朗西斯·培根曾经说过：“当一个人确定了自己的目标，并且为之不懈努力的时候，他是注定会取得成功的。”身为男孩父母的你从小帮助自己的儿子明白这个道理，对于他未来的成长至关重要，因为一个习惯向困难低头的男人是注定无法取得人生的辉煌的。

第三节　坚持就是胜利

曲折可以加速人的意志成熟，坎坷可以锤炼人的人格成熟，挫折可以培育人的性格成熟。永不言弃，坚持就是胜利，只有坚持不懈的努力拼搏才能取得最后的胜利。身为男孩父母，更应该让自己的儿子懂得在困难面前坚持不懈，迎接最终胜利的喜悦。

四岁的梅克尔和妈妈去汉堡旅游，在一家商店里买了一辆崭新的山地自行车。这辆自行车漂亮极了！它通体是宝蓝色的，点缀着翠绿色的花纹，车身上还绘有米老鼠和唐老鸭。梅克尔对它喜欢极了！

买了自行车后，妈妈就让梅克尔学习骑自行车。一开始的时候，梅克尔还不会骑，接二连三地摔了好几跤。梅克尔问妈妈：“妈妈，你能不能给我示范一下？”妈妈微笑着说：“好吧！”

看着妈妈很轻松地骑着自行车转了几圈儿。梅克尔恍然大悟，原来骑自行车这么简单。他胸有成竹地对妈妈说：“妈妈，我知道怎么骑了。”

梅克尔信心十足地骑上自行车。“啊”的一声尖叫之后，他再次摔了个“四脚朝天”。这一跤可把梅克尔真摔得够呛，原本信心十足的他打算放弃了。

见到此情此景，妈妈语重心长地鼓励梅克尔说：“梅克尔，你既然决定开始学了，就不能放弃。要知道，坚持就是胜利。”梅克尔听了之后默不作声，妈妈又鼓励他说：“失败是成功之母，妈妈相信你一定能成功的！”

梅克尔听了这话，坚定地点了点头，又练起自行车来。这一次，梅克尔终于坚持了下来，不仅学会了骑自行车，也学会了如何为一个目标坚持到底。

案例中的梅克尔在妈妈的引导下学会了坚持，最终取得了成功。那么父母在培养男孩坚忍执着品质的时候应该注意哪些方面呢？在这方面，你可以参考德国父母的一些做法。

1. 帮助孩子明确活动目的

儿童心理学研究显示，孩子的坚持性与孩子的自觉性直接相关。由于孩子对活动目的通常并没有明确的认识，所以他们的行动往往是即兴式的，具有很强的随意性。因此，孩子做事情大多很难持之以恒，经常发生“三分钟热度”的情况。这对于孩子来说，其实是一种正常现象。

为了提高孩子的坚忍执着的个性，培养他们能够较长时间地坚持从事一项活动，养成做事有始有终，不达目的誓不罢休的习惯，父母必须帮助孩子在进行某项活动之前就明确活动的目的，同时鼓励为实现这一目的而努力坚持。对于年龄大一些的孩子，可采取逐渐启发和要求他们为自己提出活动目的的方式。比如，在孩子动手画画之前，让他们先说说自己想画什么内容；在孩子进行创造性游戏之前，让孩子先说说他想扮演什么角色。

2. 让孩子独立活动

父母应尽可能地让孩子进行一些独立的活动，磨炼他们的身心。虽然你不可能有条件像俾斯麦的父亲那样，长年累月带着自己的儿子在从林狩猎，却可以从一些日常生活的细节方面入手。比如让孩子自己穿衣服，自己收拾玩具，自己完成作业等等。

孩子在进行这些活动的时候，要克服各种外部困难和内部障碍。他也正是在克服这些困难的过程中使意志得到锻炼的。假若孩子不能顺利完成这些活动，父母也不必急着去帮忙，而应该多一点耐心，为孩子自己克服困难提供更广阔的空间。当他战胜了困难，达到了目的，便会体验到一种经过努力终于取得胜利之后的满足感。在这个过程中，孩子克服困难的勇气和信心也就随之增强，更加有力量去迎接新的挑战。如此周而复始，便可以形成一个良性的循环。

3. 在劳动、游戏、学习等活动中培养孩子的坚持性

教育学研究都表明，孩子的坚持性只有在多种多样的活动中，在反复多次的克服困难的过程中才能逐渐形成和培养起来。劳动、游戏、学习是孩子的主要活动形式。在劳动过程中，孩子要克服体力、动作上的不适应，以及这些不适应带来的困难；在游戏过程中，孩子要坚持担任某一角色，并完成这一角色应该完成的任务；在学习过程中，孩子要坚持认真听讲、认真完成作业，需要付出一定的体力和脑力劳动，更需要体现出一定的毅力和耐心。因此，父母应该经常组织孩子参加一些既力所能及，又需要付出一定艰苦努力的劳动、游戏、学习等活动。在这些活动中锻炼孩子不怕困难、坚忍执着的精神，培养孩子的坚持性。

4. 表扬，赞扬、鼓励可以鼓舞孩子，提高信心，有利于男孩意志的磨炼

对孩子在活动中表现出来的点滴进步，父母要适时、适度地给予肯定和赞许。在孩子完不成预定计划的时候，父母要具体问题具体分析。万万不可说出“我就知道你完不成任务”、“我早就说你没常性”之类的丧气话。否则，只能使孩子一次次增加挫折感，最终失去自信心。

5. 注意因人而异

坚持能磨炼男孩的意志力。人的意志品质与性格特征具有一定的内在关系，因此家长在培养孩子意志力的时候，还应该充分考虑不同孩子的不同心理特点。对于性格内向的男孩应该加强果断性和灵活性的锻炼，培养他大胆、勇敢、坚毅的意志品质；对外向型的男孩则应着重培养他们的自制力，同时有意识地培养他们的忍耐、沉着、克制的性格品质。

作家张爱玲曾经说过：“人生的道路很漫长，然而决定一个人命运的往往却只有那么关键的几步路。”每个人的一生可能都要或多或少的经历一些这样的“抉择时刻”：咬一咬牙，坚持下来了，你的人生会是一种轨迹；放弃了，你的人生又会是另外一种轨迹。身为男人，往往要在自己的生命过程中相比女性更多地面临这样的抉择考验。他们能否牢牢“扼住命运的喉咙”，关键就在于父母从小对于他们的心智培养。德国著名音乐家贝多芬就是这样一个很好的例子。

路德维希·凡·贝多芬1770年12月16日生于莱茵河畔距法国不远的小城波恩。他的祖父是波恩宫廷乐团的乐长，父亲是一个宫廷男高音歌手。贝多芬童年时代的家就在举世闻名的莱茵河畔。年幼的他常常靠在自家小阁楼的窗槛上，专注地凝望着远处可爱的城镇与幽静的山麓，还有莱茵河里顽强地逆流而上的小船。秀丽的自然风光陶冶了贝多芬幼小的心灵。

贝多芬的父亲嗜酒如命，毫无家庭责任感。每天从酒店里回来的时候，总是口袋空空，喝得醉醺醺的。好在贝多芬的母亲是一个坚强执着的女人。她既要维持这个小小的家庭，又要应付地主和杂货店的账单。为了给她的儿子们足够的衬衫和裤子穿，为了让他们能有足够的肉酱和马铃薯吃，她整天缝纫织布，勤劳而艰辛。虽然家境贫困，却从来没有放弃生活的希望。母亲的乐观豁达、坚强勤劳在潜移默化中影响了贝多芬的心灵，这种影响一直贯穿他的一生。

贝多芬从小便显露出在音乐方面的天赋。4岁的时候就能很自然地辨识五线谱，并登台与别人合开演奏会。8岁的时候竟然还创作了一首风琴作品，令他的音乐教师大惊失色。莫扎特听过他的演奏之后，就预言有朝一日贝多芬必将震惊全世界。

就在事业渐入佳境的时候，一个巨大的打击悄然降临到贝多芬的身上。贝多芬从1796年开始就已经感到听觉日渐衰弱。到了1801年，医生很严肃地通知贝多芬，他将丧失全部听力，而且无法医治。对于一个天才的音乐家来说，被宣布丧失听力，就等于是被判了死刑。

面对如此严酷的现实，贝多芬沮丧消沉过。他选择了“躲开”，躲开城市，躲开人群，躲开集会，也躲开音乐。1802年的春天，贝多芬搬到了维也纳郊外的小村海利根斯塔特，在这里他经历了一个生死攸关的关键时期。

最初，贝多芬残忍地想割断自己与音乐的一切联系，他要在这个美丽的村庄里做一个农夫。贝多芬在写给朋友的信里说：“我要告诉你的就是我一定得和我的事业隔离，我生命中最灿烂的一页亦将随之消逝。也顾不到自己的天才和力量了，我一定得忍受惨痛的遭遇。”贝多芬忽然变得那么软弱，那么无奈，甚至悲观厌世，走到了自杀的边缘。1802年10月6日，他立下了著名的《海利根斯塔特遗嘱》。在这份遗嘱中，可以看到贝多芬所经历的精神危机极为严峻、激烈，在生与死的搏斗中苦苦挣扎。

就在这个生死攸关的抉择时刻，童年时代的珍贵记忆挽救了贝多芬，让他悬崖勒马。童年时代母亲坚毅乐观的面容开始在他的脑海中慢慢清晰，逐渐驱散了苦难挫折带来的阴霾。在美丽的海利根斯塔特小屋里，在经历过一场场生与死的考验与思索之后，曾经的坚忍执着、乐观积极的又重新回到了贝多芬的身上。

“我不能再忍受了，我要同命运搏斗，它不会征服我的，啊！继续生活下去是多么美丽呀！——值得这样地活一千次！我要扼住命运的咽喉！”贝多芬把退隐、逃避抛在了脑后，他鼓励自己道：“让你的耳聋不再是个秘密；即便是，在你的艺术中也不必保密！”外来的灾难带给贝多芬内在的力量，他欣喜地感到了自己身上产生的这种崭新的力量，懂得了如何抓住人类精神中最崇高的声音。在海利根斯塔特，贝多芬又重新出没在寂静森林的浓荫处，乡村牧场的碧草间，留下了被世人称道的“贝多芬小道”。在这里，贝多芬漫步、构思、创作，用音乐虔诚地歌颂着大自然的辉煌壮丽、万千气象。

1803年，贝多芬完成了著名的《英雄交响乐》。这部交响曲宛如贝多芬自己的一部自传。被他的音乐塑造出来的“英雄”是不怕痛苦，不怕死亡，敢于直面艰难险阻，坚忍执着，去成就惊心动魄伟业的硬汉。这硬汉，也正是贝多芬自己。他将自己不屈的精神扩大，并且升华，证明自己胜利地通过了命运的考试。从此之后，贝多芬所创作的一切重要乐曲，无一不是英雄同命运的抗争，无一不是他同世界进行搏击的惊天动地的音响纪录。

1824年5月7日，《第九交响曲》在维也纳首演。贝多芬在台上低头看着乐谱，打着节拍，监督演奏。此时的他早已全聋，完全是靠“心耳”倾听天地人神的回声的。全曲奏毕，听众掌声如雷，贝多芬自己却毫无知觉，依旧背向听众，低头打着节拍。直到台上一位女歌唱家轻轻拉拉他的袖子，他才转过身来，看着听众热烈喝彩的场面，含着眼泪鞠躬道谢。

1827年3月23日，弥留之际的贝多芬看到闪电划破了维也纳黄昏的天空。已经奄奄一息的他突然睁开了眼睛，抬起右手，久久凝视着那举在头顶上紧握的拳头，好像在对着狂暴的雷鸣闪电疾呼："我要与你们抗争！我是个英雄，无畏的英雄！"

贝多芬葬礼举行的那天，两万多维也纳人自动走向街头，送殡的场面格外庄严、悲壮。8位当时最著名的指挥家走在人群的前面，年轻的舒伯特举着火炬，紧随其后，跟在灵柩后面的人群好像没有尽头。送葬的人们在贝多芬的《葬礼进行曲》悲伤肃穆的气氛中缓缓移动。贝多芬死了。他奏出了那个时代的最强音，用自己的生命、灵魂高唱"人并不是生来被打败的"。他留给人们的不仅是那听不完的音乐，更重要的是他留给了世人那不朽的灵魂。他的墓碑上铭刻着奥地利诗人格利尔巴采的题词：当你站在他的灵柩跟前的时候，笼罩着你的并不是志颓气丧，而是一种崇高的感情，我们只有对他这样一个人才可以说他完成了伟大的事业……

只要坚持下去，一切皆有可能。贝多芬用自己的全部生命，在雄浑悲壮的《命运交响曲》中向世人诠释了这一永恒的人生真理。的确，有的时候人最大的敌人其实就是自己。只要超越自己，坚持下去，就一定可以实现人生的辉煌。家有男孩的你应该让儿子从小明白这个道理：只要持之以恒，世界上没有什么是不可能的。

第四节　没有什么“不可能”

有这样一个老掉牙的故事：按照空气动力学的原理，大黄蜂根本就是不可能飞起来的，然而它就是飞起来了，因为它始终坚信自己可以飞。思想有多远，人就可以走多远。这个世界其实并没有界限，真正的界限只存在于人们的心里。帮助你的孩子一步步破除心中的界限，他们就可以还给你一个奇迹。

有志者事竟成，信念是意志行为的基础，是个体动机与其整体长远目标的相互统一。没有信念，人们就不会有意志，更不会有积极主动的行为。信念是一种需要，它是激励人按照自己认为正确的观点、原则去行动、去实现目标的一种强大的内在力量。有信念就有克服困难的决心和勇气，就能让一切不可能变成可能。

德国奔驰汽车公司创始人卡尔·本茨说过：“只要有无限的热情，几乎没有一样事情是不可能成功的。”

卡尔·本茨在初创自己的公司的时候曾经打算设计一种大的输出功率的超小型化引擎。这是一个极具创造性的想法，甚至连当时最杰出的工程师都认为这是根本不可能的。但卡尔·本茨下决心无论如何也要实现自己的设想。他对那群一筹莫展的工程师们说：“只要去做，就没有什么是不可能的。”

一年时间很快就过去了，工程师们几乎用尽了所有办法，就是无法攻破这个技术难关。他们找到本茨再一次强调“这事根本不可能实现”，但本茨并没有灰心丧气，他命令工程师们继续去做。

奇迹出现了，工程师们最终找到了诀窍，奔驰公司也因此受益颇多。

带着信念的孩子，能正确对待挫折，能迅速在逆境中重整旗鼓，并以更高的热情继续追求梦想。带着信念的孩子，面对困难和威胁就能够以平静的心态勇敢接受挑战，他们考虑的是如何解决问题。没有信念的孩子只会在困难面前调头，轻言放弃，等待别人创造“成功”，最终一事无成。

父母要让孩子明白，只要努力，有信念，没有什么是不可以办到的。在这方面，德国物理学家欧姆就是一个很好的典范。他用自己的一生告诉了世人什么叫“执着引领成功”。

乔治·西蒙·欧姆出生在德国的埃尔兰根城。父亲虽然只是个普通的锁匠，却非常勤奋好学，凭借顽强的毅力自学了数学和物理方面的知识，还时常将这些知识讲授给少年时期的欧姆，唤起了他对于科学的兴趣，也用自己的精神魅力深深影响了儿子。

欧姆16岁时进入埃尔兰根大学研究数学、物理和哲学。由于经济困难，欧姆中途辍学，到1813年才完成博士学业。欧姆是一个很有天分和科学抱负的人。为了养家糊口，他长期担任中学教师的职务，只能利用业余时间进行自己的科学研究。由于缺少资料和仪器，他的研究工作遇到了不少困难，但他在孤独与困难的环境中始终以自己的父亲为榜样，坚持不懈地进行科学研究，还自己动手制作仪器，最终发现了作为现代电磁学基础的“欧姆定律”。

欧姆定律发现初期，当时的许多著名物理学家并不能正确理解和评价这一发现，认为这只是一个中学教员的异想天开。研究成果被忽视，经济方面又极其困难，导致欧姆精神抑郁，甚至一度产生过自杀的念头。幸运的是，他成功渡过了这个难关，坚持了下来，继续默默追寻着自己的理想，并且收获了一系列新的科学发现。

1841年，英国皇家学会授予欧姆代表最高荣誉的科普利金牌，德国科学界这才开始重新审视这位曾经默默无闻的普通中学教师。不懈的坚守，使欧姆最终迎来了人生的辉煌。为纪念他，人们将测量电阻的物理量单位以欧姆的姓氏命名。

在苦难中坚守自己的理想很难，在苦难中孤独地坚守自己的理想更难，然而唯其如此，人生才能穿越绝境，享受攀登世界之巅的喜悦。欧姆用自己的一生诠释了这一真理。

第五节　挫折教育

中国有句老话："人生不如意事常十之八九。"有些时候，即便我们付出全部努力，花费很大代价，也仍然可能遭遇挫折和失败。作为男孩父母的你，在鼓励儿子坚持不懈、勇往直前的同时，也应该教会他如何正确地对待挫折和失败。

能够越过大风大浪的船，才能被称为坚不可摧的；能够忍受住可怕的黑夜，才能够享受见到黎明的欣喜；能够承受挫折的男孩，才是真正的好男儿！

许多孩子在成长过程中都会出现这样一个现象：摔倒了，如果是家长亲自把他扶起来，他必定号啕大哭；如果让他自己爬起来，他就会拍拍膝盖上的土，继续往前走。

孩子能否接受挫折，能否挑战挫折，与从小的培养是分不开的。

首先，要让孩子知道挫折是必然的，不是什么大不了的事情。现在家庭中，长辈和父母围着孩子转，孩子自然成了全家的心肝宝贝，全家人都想着怎么样让孩子顺顺利利地、不经一点风雨地长大。不过你们可曾想过，若有一天当你的孩子独立生活的时候，他该怎么去面对社会上的种种挑战呢？

德国的父母们就非常懂得这一点，他们相信：孩子小的时候摔跤总是要他自己爬起来。作为父母必须告诉他，要想稳稳地走路，就可能会摔很多次跤，每次摔倒都要自己爬起来。因此在德国很少能够看到主动搀扶自己摔倒的孩子的父母，他们只会在一旁鼓励自己的孩子：“勇敢点！自己站起来！”把自己的孩子当作具有和自己同等权利的人对待的德国父母也很少像中国家长那样，动不动就阻止孩子进行一些看似危险的活动。在他们看来，每个人都可以对自己的行为负责，孩子也是如此。失败了，甚至吃一点皮肉之苦也根本算不了什么，孩子可以在一次次挫折、失败之后真正学会如何生活。

人生活在这个世上，不可能都是一帆风顺的。有可能遇到困难、挫折，有可能经受人生变故，更有可能遭遇不顺心的人和事，这些都是人生前进途中的正常现象。没有任何一个家长希望自己的孩子遇到这些现象时心烦意乱、痛苦不堪、萎靡消沉、悲观失望，甚至失去面对生活的勇气。

其次，要让孩子自己学会去面对挫折，承担挫折。挫折就像是座山，不去翻越它，就会被它压倒。著名的心理学家马斯洛说过：“挫折对于孩子来说未必是件坏事，关键在于他对待挫折的态度。”

你可以问问自己的孩子知道灯泡是如何被发明的吗？是伟大的发明家爱迪生经历了6000次的失败，面对无数的嘲笑与不解，却仍然坚持不懈的努力之后才取得的成功。爱迪生若是没有这样的坚持，早早放弃了自己的试验，我们现在的生活又会是怎么样呢？

和他们相比，你的“小王子”还有什么理由不去承受自己的挫折和挑战呢？当遇到挫折时，要给孩子克服困难的勇气，让他相信“方法总比困难多”，让他懂得“世上无难事，只要肯登攀”的道理。

在一些中国父母看来，孩子的成绩好坏事关大人的“脸面”。于是，一旦孩子做错了什么或者遭遇失败，面子上最挂不住的往往倒是父母自己。他们不能客观地看待、接受孩子的失误。其实，指责、抱怨甚至挖苦只能给孩子的心理蒙上阴影，很可能加速他的自暴自弃。

在这方面，你不妨学习一下开明的德国父母，培养孩子面对挫折，不以成败论英雄，而是以平和、坦然的心态，一分为二地面对孩子的失败，帮助孩子找到问题的症结。让孩子认识到，即便是一次失败的努力，也能从中有所收获。这样一来，孩子的内心就会轻松许多。

有些孩子内向，不善于表达和沟通，受点打击只会闷在心里，躲在屋里不愿见人，自己和自己较劲。长此以往，思想压力大越来越大，最终对身心发展造成不健康的影响。面对内向的男孩，父母们也可以像德国父母那样，尝试着和自己的孩子做朋友，引导他学会做一个性格开朗的人。告诉他如果心中有什么不愉快的事，就去找伙伴、朋友说一说、讲一讲，在交流中对方会帮助你解决疑问、排除困惑。要学会自我排解，学会交流、沟通，争取别人对自己的支持、帮助和理解，切忌有事闷在心中。

总之，挫折并不可怕。每个孩子都有自己的理想，要让他们自己去飞翔，去接受风雨的洗礼，去迎接春风和朝阳。虽然孩子们并不坚强的翅膀也许会受伤，但他们最终一定可以飞向远方。感悟人生的真谛，谱写生命的乐章。

人生是一条漫长的旅途。有平坦的大道，也有崎岖的小路。有灿烂的鲜花，也有密布的荆棘。在这条旅途上，每个人都会遭受挫折，生命的价值就是坚强地闯过挫折，迎接挑战。告诉你的儿子：跌倒了，不要乞求别人把你扶起来；失去了，不要乞求别人替你找回。自己站起来，擦擦伤口，坚持下去，就一定会迎来最后的胜利。在德国，就流传着这样一个不幸少年的励志故事：

在德国南部一个偏远的小城镇中，有一个命运悲惨的少年。他10岁的时候母亲就因病去世了。他的父亲是一个长途汽车司机，经常不在家，无法照顾儿子的生活。自从母亲过世以后，少年便要学会自己洗衣服、做饭，照顾自己。然而，上帝却并没有因此而待别关照他。少年17岁那年，父亲不幸因车祸丧生。从此之后，他便没有亲人了，也没有人能够依靠了。

少年并没有因此而消极，他迅速调整了自己的状态，很快从悲伤中走了出来，开始独立养活自己。然而悲剧并没有就此止步，在一次工程事故中，少年失去了左腿。令人欣慰的是，经历过这一连串突如其来的打击，少年反而养成了坚强的性格。他不但没有向命运妥协，反而勇敢地面对这一切，开始学着用拐杖行走。在最初的一段时间里，他经常会摔倒，但是每摔倒一次，他都会从地上挣扎着站起来，再接着练习。

经过一年时间的努力，少年已经可以利用拐杖利索地行走了。他还用自己所有的积蓄办了一个养殖场，希望从此可以过上平静的生活。可是好景不长，半年之后，一场洪水将少年所有的希望都冲走了。他终于忍无可忍，气愤地向着天空狂喊，指责上帝："你为什么这么不公平呢？"

一位经过的路人看到愤愤不平的少年，关切地问道："孩子，哪里不公平了？"少年便将自己的不幸一五一十地告诉了这位路人。路人听完之后说道："原来是这样，你的命运的确很凄惨。那么，你干吗还要活下去呢？"

少年听到路人如此嘲笑他，气愤地说："我是不会死的！我经历了这么多不幸的事，已经没有什么能让我感到害怕。总有一天，我会靠我自己的力量，创造自己的幸福。"

路人点点头说道："祝福你，孩子！这正是我想告诉你的。如果你不愿意哭泣，那么你就微笑。"

从此之后，这位历经磨难的少年再也没有悲伤过。他选择了微笑，勇敢地面对现实，一切从头开始。经过两年的努力，少年拥有了一个比以前更大的养殖场。

当灾难降临，人可以努力回避。如果回避不了，可以选择抗争。如果抗争不了，就必须承受。要是承受不了，也可以哭泣流泪。如果连流泪都不行，可能就只剩下绝望和放弃。然而故事里少年的选择却是那么与众不同，他选择了微笑着面对人生的苦难，坚忍执着地生活下去。

在现实生活中，很多人的命运都如同这位少年，历经种种挫折和失败，但是最终的结果却大不相同，根本差异就在与对待苦难、对待生命的态度。坚持下来，超越苦难，便可以创造人生的辉煌；放弃了，向苦难低头，只会让自己沉沦、消沉。温室里的花朵少历风雨，不可能茂盛茁壮，缺少坚忍性格、轻言放弃的男人也不可能实现自己的人生理想，成为一个受人尊敬的男子汉。希望家有男孩的你，可以把自己的儿子培养成为一个坚忍执着的男人。

第 5 章

勇气的塑造

德国宗教改革家马丁·路德曾经说过："勇气是衡量灵魂大小的标准。"一个人如果失去了勇气，就会一事无成；一个民族如果失去了勇气，则有可能在物竞天择中被人类历史所淘汰。德国饱经历史沧桑的洗礼，却始终没有失去作为民族根基的无畏勇气，并不断上演着不朽的传奇。

第一节　最后的勇气

1866年7月3日黎明时分，在波希米亚萨多瓦村科尼格雷茨要塞，一支3.5万人的部队正静静地穿过雨幕，快速向前挺进。一张张年轻而棱角分明的面孔充满了紧张、兴奋和期待。这些普鲁士易北军团的小伙子们知道，他们将要面对的对手是一支超过20万人的军队：奥地利—萨克森联军。敌众我寡，他们所能指望的，只有同时从另一路发起攻击的，由腓特烈·查尔斯亲王统帅的8.5万人的普鲁士第一军团。本来按照普军总参谋长老毛奇将军的战略部署，同时参与攻击的还应该有普鲁士王储、未来的德皇威廉二世亲率的第二军团的10万大军。但是由于该军团的驻地过远，致使他们无法及时收到命令，因此拖延了抵达战场的时间。

由于准备不足，人数差距又太过悬殊，局面一度非常困难，成批成批的普鲁士士兵在奥军的火力网中像被镰刀收割的麦子一样倒下。到上午11时，在奥军的猛烈冲击，以及炮火打击之下，普军已经出现了败退的迹象。

正在这时，一个并不高大，但却倔强有力的身影出现在了战场之上，他就是和老毛奇将军一起指挥战斗，有“铁血宰相”之称的俾斯麦。只见俾斯麦右手高举指挥刀，向着正在四散奔逃的士兵高喊：“怎么了，我的小伙子们，你们的勇气都上哪去了。普鲁士的土地很广阔，但是我们已经不能再后退了，因为我们的背后就是普鲁士的老人、妇女和儿童。你们想把他们留给敌人吗！跟我来，端起步枪，迎击敌人！”

奇迹出现了，俾斯麦的话唤醒了战场上每个人的勇气。原本已经丢盔卸甲的士兵重新高高端起步枪，大声呐喊，向着敌人冲了过去。正在用望远镜观察战场的奥军统帅贝纳德克被眼前的一幕深深震惊了，甚至忘记了发布命令。正准备“宜将剩勇追穷寇”的奥军士兵们也震惊了，开始转身逃跑，仿佛忘记了己方的人数其实远远超过敌人4倍。

由于俾斯麦的临危不惧，重新唤醒了普鲁士军人的勇气，为垂危的战局重新赢得了5分钟的时间。正是在这宝贵的5分钟时间里，威廉二世亲率的第二军团的10万大军赶到了战场。局势发生逆转，整个战役最终以普军的反败为胜而告终。

第二节 做自己想做的事

德国教育家赫尔巴特说过：“勇敢是智慧和适当教育的必然结果。”德意志民族虽然从根底上具有一种勇敢无畏的民族性格，然而这种民族性格在每个民族成员身上的具体体现却并非自然而然，而往往是需要经过一个后天的教育、引导过程逐渐唤醒。在培养儿童勇气方面，德国教育部门和众多家长经过长期实践积累，总结了大量成功经验。这对于那些渴望把自己的儿子培养成为一个充满勇气的男子汉的中国父母们，是非常具有借鉴意义的。比如在现今的德国，那些同样望子成龙的家长依然在为自己的儿子讲述着这样一个古老的故事：

在中世纪的德国，有一位国王，为了从众多大臣中选拔出智慧勇敢的人担任要职，就决定出一道题考一考他们的能力。

于是，国王将臣子们领到一扇奇大无比的门前说："这是我们王国中最大的门，也是最重的门。请问，你们当中谁能把它打开？"

面对着这扇巨大的门，大臣们面面相觑，因为他们都知道，这扇大门从来没有被打开过，所以这些大臣们都认为这门肯定是打不开的。于是，一些大臣望着门不住地瑶头。

另一些大臣则装腔作势地走上前去看一阵，但始终没有一个人动手，因为没有一个人想当众出丑。还有个别大臣甚至自作聪明地猜想，国王或许另有用意，所以静观其变才是最稳妥的态度。

就在这时，一位年轻的大臣向大门走了过去。只见他双手猛力向大门推去，门被豁然打开了。原来，这扇门本来就是虚掩着的，没有锁也没有插栓，任何人都能轻易地推开它。这个大臣最终得到了国王的奖赏，获得了重要职位。

面对国王提出的问题，众多大臣只是采取观望的态度，没有人敢上去将门打开，只有那位年轻的大臣，才有勇气打开那扇虚掩着的大门。其实在现实生活中也有很多这样的人，尽管面对的是一件非常简单的事情，由于没有勇气迈出第一步，往往就会让机会在观望、犹豫中悄悄溜掉。那些有所成就的人士，他们或许并不比别人聪明、有知识却能够取得巨大的成功，关键就在于他们拥有着巨大的勇气，敢于说出自己想做的事，并且迈出第一步。

恩迪出生在德国的一个大家庭，家里总共有9个孩子。恩迪一共有3个姐姐，3个哥哥，1个妹妹和1个弟弟。由于孩子太多，父母根本没有精力照顾到每一个孩子。因此，他们只能尽可能把自己的精力倾注到最小的孩子身上，其他孩子则由哥哥姐姐代为照料。

在恩迪很小的时候，他就非常渴望能够得到父母的赞扬和鼓励。为此恩迪严格要求自己，努力做好每一件事，力求将每件事情都做到完美无缺。然而，无论他怎么努力，父母却根本没有注意到他，这让恩迪非常失望。久而久之，他就变得越来越没有自信，没有一点儿勇气去做事情了。

后来，恩迪长大了，在一家公司找到了份办公室文员的平庸职位，婚姻也还算得上美满幸福，然而童年时代的阴影却依然纠缠着他，让他缺乏自信、没有勇气，做事情总是畏畏缩缩，担心自己做不好。

话虽如此，在内心深处，恩迪却非常希望摆脱目前的平庸状态，让自己成为一个成功的人。为了完成自己的愿望，他鼓起勇气，决定去做一件属于自己的事情。通过对各个行业的考察，兼顾自己的爱好，最终恩迪决定将自己的全部精力放在餐饮业上。

可是，当恩迪告诉家人自己准备辞职开餐馆的时候，一家人都感到非常震惊。妈妈说："这个主意你是怎么想出来的？它简直荒唐到了极点。"妻子也说："这事太难了，快别胡思乱想了。我们现在的日子其实过得也不错。"

不管家人如何反对，恩迪都已经下定了决心，家人的反对与劝阻并没有起多大的作用，他依然坚定自己的信念，决定按自己的想法去做。

遗憾的是，餐馆开张的第一天，恩迪的热情就遭受到了一个沉重的打击。这一天饭馆的生意异常冷清，竟没有一个顾客光临。面对此情此景，恩迪几乎要被眼前冷酷的现实击垮了。他好不容易鼓足勇气冒了一次险，最终的结果却可能是一败涂地，甚至想再回到原先的平庸生活也不可能了。他开始怀疑自己的决定，开始相信母亲和妻子的说法是对的。

或许真的应了那句话：勇敢是出于逆境时的光芒。就这样在痛苦中煎熬等待了一周，恩迪竟慢慢地从恐惧中走了出来。因为此时的他已经尝试了第一次冒险的滋味，以后的风险对于他来说，已经没那么恐怖了。恩迪决定将餐厅继续经营下去，他一反平时胆怯羞涩没有自信的窘态，特意让大厨做好了几道拿手菜，摆在路旁的餐桌上，亲自站在大街上热情地邀请每一个路过的行人品尝厨师的杰作。

这一招果然取得了非常好的宣传效果，所有尝过这些菜的人都夸赞他们饭馆厨师的手艺高超。慢慢地，恩迪的生意就好了起来。

一年之后，恩迪的小餐馆经营得有声有色，并且开了几家连锁店。家人和朋友都对他刮目相看。

没有勇气的恩迪，在确定了自己想要做的事情，并且勇敢地迈出第一步之后，终于超越了自己，鼓足勇气坚持了下来。尽管在这期间，恩迪遇到了很大的困难，但他还是凭借自己的勇气一一克服了这些困难，最终实现了自己的理想。

在现实生活中，每个人都有自己想要做的事情，都有自己的梦想。身为男孩父母，在看过这个故事之后，你不妨告诉自己的儿子，为了把自己的梦想变成现实，就不妨大胆一些，不要畏首畏尾，被胆怯束缚住自己的手脚。只要认准自己的道路，就要充满信心放手一搏。大量事实证明，只要有勇气迈出第一步，遇到困难也不动摇，坚持自己的选择，努力拼搏，梦想就一定能够实现。

第三节　人生就是一场“赌博”

有句话说得好：“金无足赤，人无完人。”即便是被人们认为天生就应该以勇敢坚毅作为自身基本素质的男孩子中间，也可能会出现某些“天生胆小”的另类。这时候，身为男孩父母的你就需要对自己的孩子付出更多的关注和努力。

总的来说，男孩子一般都非常勇敢，具有攻击性，敢于冒险，但是偶尔也会有一些男孩子非常胆小，什么都不敢做，例如下面将要提到的这个案例。

布鲁克是生活在德国慕尼黑市的一小男孩，他已经从初级学校毕业，马上就要升入高级学校了。布鲁克的胆子非常小，家里来了客人也不敢主动打招呼，说话还羞羞答答的，小声地和客人打一声招呼，就马上回到自己的房间里，再也不出来了。在外面玩的时候，只要别人大声说一句话，就把布鲁克吓得不敢在那儿玩了，吵着要回家。在布鲁克7岁那年，爸爸教他学骑儿童脚踏车，他居然吓得哭鼻子。平常看到别的孩子们在玩滑梯，荡秋千，他就站在一边看，从来不敢上去试试。

有一次，爸爸带着他去游泳，他死活不敢下水。后来爸爸给他一个救生圈，说套上这个就没事了。可布鲁克却不要，更不敢下水，还质问爸爸救生圈要是漏了怎么办。

看到这里，你也许会问："为什么在男孩子中出现这么胆小的另类呢？"客观地说，孩子胆小的问题与父母的教育其实有很大的关系，是父母对待孩子的许多做法不够正确，方式方法上过于简单，处理过急，才造成了孩子的心理紧张。

在许多经济、生活条件比较优越的家庭里，男孩往往受到亲人过多的宠爱。尤其在生活中以母亲教养为主的男孩，就容易倾向于女性化。加之现在的男孩子户外运动少，不容易获得耐力、意志力方面的锻炼，也使男孩缺乏运动，缺少阳刚之气。这样的事情其实不仅出现的中国，欧美国家也同样无法避免。

心理学研究显示，孩子胆小拘谨的个性一旦形成就很难根除，往往会一直影响到成年。如果孩子的胆小拘谨在儿时得不到解决，那么，由此带来的不合群、不爱与他人交往的个性将会妨碍他今后事业、生活上的成功。即使有的孩子拥有聪明才智和一技之长，也会因为过于胆小而在人生道路上遇到意外的困难。所以，父母一定要想办法让孩子变得胆大起来。

男孩子需要胆量，而胆量的锻炼就是要敢于尝试。父母要多创造条件来锻炼孩子的胆量。尤其是父亲，在这方面起的作用更大。要想男孩更阳刚，父亲就要注意多陪伴儿子，多给儿子一些关爱，关心他的生活和学习，多和儿子一起活动，比如打球、娱乐。要参与他的生活，让儿子看到父亲身上的阳刚美，学习父亲为人处世和思考问题的方法。卢金父子间的故事就是一个很好的案例。

卢金是个胆子非常大的男孩，这完全得益于父亲的锻炼。自行车在德国虽然并不是一种很常用的交通工具，却是许多德国男孩子最喜爱的户外运动工具。卢金很小的时候，爸爸就教他学骑自行车。

爸爸对卢金说："爸爸给你扶着，你使劲往前蹬。"

卢金说："爸爸，你不会不吭声就撒手吧？"

爸爸说："不会！"

结果，趁着卢金骑得正起劲的时候，爸爸就把手给松开了，不过卢金骑得也挺好。

还有一次，爸爸带着卢金去游泳，卢金不敢下水。于是爸爸就自己先下水，一直游过了河对岸。看到爸爸在水中这么潇洒，卢金心里痒痒的，慢慢地，也敢自己下水，甚至也能游到河对岸去了。

就这样，在爸爸的影响下，卢金的胆子越来越大。

卢金第一次坐地铁上学的时候，特别溺爱他的妈妈不放心，非让卢金爸爸陪着他一起上学。结果爸爸从上车到下车什么事情都不管，上车就眯起眼睛养神，让儿子自己找座位，还让儿子下车提醒自己。结果，陪了两次，儿子就嫌爸爸多余，还得伺候爸爸，就把爸爸赶下车了，声称以后每次都要自己坐公交车上学下学。看着信誓旦旦的儿子，爸爸在后面一个劲地偷着乐——他要的就是这个结果。

通过这个案例可以看到，孩子的勇敢不是天生的，主要来自于后天环境的培养。面对男孩中的胆小另类，身为父母的你可以像赫尔巴特所说的那样，采取适当的教育方式，教会孩子勇敢地面对"第一次"，就能让他勇敢起来。

孩子们天生都具有闯劲，但往往缺乏对"第一次"的正确判断，需要家长的鼓励。一旦家长们注意到"第一次"的重要性，给予他精神上的力量，帮助他战胜自己、克服心理上的畏惧，也就增强了他们的信心，培养起勇敢的品性。一个人可以无力但不可以无胆，只要敢于面对、敢于创新，困难就会在办法前低头，人性就会在尝试中高大。

在培养男孩胆量方面，德国父母往往更加大胆。他们总会在儿子开始懂事的时候就明确地让孩子知道：人生就是一场赌博，只有敢于出牌的人，才能赢取到最多的筹码。青年创业者埃贝尔的故事就是一个很好的例子。

埃贝尔19岁的时候，跟随家人一起迁到柏林生活。很快，他就在一家广告公司谋到了一份差事，每周14马克的薪酬。那时候，埃贝尔工作非常忙碌，而且还经常需要跑外勤，他的工作节奏简直可以用“疯狂”来形容。不但如此，每天下班之后，埃贝尔还要到大学去上夜校，主修广告专业。如果白天工作比较顺利的话，埃贝尔晚上上完课就能回家休息。一旦无法完成全部工作计划，下课后埃贝尔就还得从学校赶回办公室继续完成工作，经常是从晚上11点一直工作到第二天凌晨2点。

在埃贝尔20岁的时候，他毅然放弃了颇有前景的广告公司工作，决定自己独闯一片天地。自此，他开始了自己的人生冒险。踌躇满志的埃贝尔决定投身于未知的世界，从事创意开发，主要的客户对象是各大百货公司，通过电视对他们的产品和服务进行宣传推广。然而，在当时那个时代，电视机还处于刚刚起步阶段，尚未普及，人们对这种新生事物很难接受。因此，埃贝尔不但在事业发展上遇到了巨大的困难，就连很多朋友也认定他这步棋肯定是走错了。

但是埃贝尔并没有因此退缩，他总是用父亲从小常对自己说的一句话激励自己：“世界就是上帝安排的一个赌场，人间就是冒险家的乐园，人生本身就是一次冒险。”在父亲的激励下，埃贝尔尽管遭遇到很多挫折，却仍旧信心十足地坚持他的工作。工夫不负有心人，通过自己的努力，他的工作终于有了相当大的进展，他的创意也得到了很多百货公司的欢迎。许多百货公司都和埃贝尔签订了长期合同。与此同时，他的策划案也得到了电视台的认可。

事业发展到这个程度，此时的埃贝尔距离成功已经近在咫尺了。可惜天不遂人愿，因为合同中存在的一些小问题，埃贝尔刚起步的事业遭受到了意想不到的打击，最终还是破了产。即便如此，埃贝尔也没有一蹶不振。事情过去一段时间之后，埃贝尔就到一家公司从事销售业务。没过多久，他的才能就充分地表现出来了，被任命为这个部门的经理。

几年之后，埃贝尔又回到了自己阔别已久的广告行业，开始了下一轮的冒险……

人生路上多坎坷。在人生的道路上，各种风浪总会接踵而至。这些风浪看似凶恶，不过如果能够勇敢地坚持下来，就一定能够在险境中求得生存。相反，如果经不起风浪的考验，就注定要被生活的风浪所摧毁。因此可以这样会说，在人生的旅途中，只有那些敢于冒险、敢于挑战的人，才有机会获得生命的嘉奖，体会无限风光在险峰的快乐。身为男孩父母，你更应该像埃贝尔的父亲那样从小告诫自己的儿子：面对人生的竞拍，必须敢于出价，哪怕你手里握着的只是很少的一点本钱。

上面故事中的埃贝尔虽然屡遭挫折，却也积攒了一定的资本，具有和命运打赌的本钱。与他相比，下面这个兜里只有5欧元，却敢参加竞拍的小男孩的勇气似乎更加可贵。

大概10年以前，德国海关查获了一批走私的脚踏车。经过有关部门的批准，德国海关决定将没收来的物品进行拍卖。

拍卖如期进行。在拍卖会上，人们发现了一个小男孩很奇怪。因为每次叫价的时候，这个10岁出头的男孩总是第一个喊价。无论什么样的脚踏车，他总是以“5欧元”开始出价，然后眼睁睁地看着脚踏车被别人用30、40或者50欧元的价格买走。

拍卖会进行了一半，中场休息的时候，一直注意小男孩的拍卖师走到他身边问道：“孩子，你为什么不出较高的价钱竞拍呢？”

男孩看着拍卖员认真地说道：“因为我只有5欧元啊！”不一会儿，拍卖会又继续开始了。那个男孩还是给每辆脚踏车报出相同的竞价，结果可想而知，车子一辆辆地依然被人们用高价买走了。

这时候，拍卖场里的一些竞拍者也开始注意到这位小男孩了，大家议论纷纷，眼神里充满了对小男孩的敬佩和关爱。就在拍卖会将要结束的时候，拍卖师推上来最后一辆脚踏车。相比较而言，这辆脚踏车无疑是最棒的。不仅车身光亮如新，还有10档变速器、双向手刹车，速度显示器和一整套夜间电动灯光装置。

这时，拍卖师宣布拍卖开始，他先扫视了一遍全场，然后问道：“谁先出价？”

这时候，那个小男孩又一次大声地喊道：“5欧元！”拍卖师微笑着，等待着其他人的喊价。然而出人意料的是，没有一个人出声，也没有一个人举手。拍卖师在上面连续喊价三次之后，用力地将拍卖锤砸在桌上，大声说：“成交了！这辆脚踏车卖给这位小男孩了。”

顿时，全场鼓掌。小男孩拿着自己仅有的5欧元，得到了那辆最漂亮的脚踏车。

如果你的儿子只有5欧元，你会鼓励他像故事里的小男孩那样，一次次地竞价吗？能够这样做的人恐怕少之又少。故事里的小男孩之所以能用自己仅有的5欧元买到最好的脚踏车，主要依靠的是他自己的勇气。可以这样说，小男孩凭借自己的勇气不仅得到了一辆脚踏车，还赢得了众人的尊重和欣赏。

第四节　战胜自己

在每个人的一生中，除了要有“胜过别人”、“压倒别人”、“超越别人”的信念之外，更重要的是要拥有敢于面对一切的勇气。“不抛弃，不放弃”这6个字说起来似乎很容易，真正做起来却需要太多的付出。不过有些时候，要做到这6个字又似乎很容易，需要的只是突破自己心里的那个“界线”。

克里斯是一名中学生，虽然是个男孩，从小却像女孩子一样多愁善感，有时候甚至还有点疑神疑鬼。为了增强克里斯的男子气概，父母没少在他身上下功夫。

有一天上课的时候，克里斯突然感觉自己的身体不舒服，他想自己很可能是生病了，必须去医院检查检查。话虽如此，克里斯却迟迟不愿意去医院检查，因为他的祖父就是在医院中去世的。这使他对医院有了一种莫名的恐惧感，常常觉得一旦进了医院，就再也出不来了。

由于不愿意去看医生，克里斯只好自己跑到学校的图书馆中去查阅相关的书籍。有病乱投医的他拿着一本医学手册对照自己的症状胡乱翻看。当他读到介绍霍乱的内容的时候，发现书里描述的症状和自己现在的症状简直一模一样。“难道我已经患了霍乱了吗？”克里斯开始不停地胡思乱想。接着，他又根据医学手册上的知识判断，发现自己不仅患了霍乱，还染上了风湿、胃病、咽炎、颈椎病等等。

自己吓自己的克里斯感觉自己不久就要死了，心里非常害怕。他迫不及待地想要弄清楚自己还能活多久，于是就搞了一次自我诊断。克里斯先动手找脉搏，可是刚开始的时候怎么也找不到，过了一会儿才发现脉搏的跳动。可是刚刚松了口气的他突然又发现自己的脉搏居然一分钟跳动了一百四十多次，而且自己的心脏好像也跳动得十分虚弱。

面对着突如其来的打击，克里斯感到非常恐惧，但他始终不敢去医院。早已发现儿子异样的父母强烈建议克里斯去医院看看。通过父母长达两天的劝说，克里斯才在朋友的陪伴下来到了医院。医生对他做了常规的检查后，发现克里斯各方面都没有什么异常，于是就给他开了一张处方：煎牛排一份，鲜榨果汁一杯，6小时一次；10英里路程，每天早上走一次；不要用你不懂的事情塞满自己的脑袋。

原来，克里斯根本没有什么大病，只不过是平时不怎么注意饮食和休息，有些营养不良，精神压力也比较大。只需要放松一下心情就可以很好地解决了。

克里斯的故事让人想起了20世纪90年代发生在美国的一件真实的事情。某位冷库工人在准备下班的时候发现自己被粗心的同事反锁在冷库里了。当时正好是夏天，他只穿了短裤、短袖，根本起不到防寒保暖的作用，可他必须在冷库里坚持12个小时以上，直到第二天早上上班的时间，才可能会有获救的希望。这位倒霉的工人越想越害怕，认为自己肯定已经没有获救的希望了……

第二天其他工人来上班的时候，发现这位不幸的工人已经被“冻”死在冷库里了。然而让所有人大跌眼镜的是，当时冷库的制冷系统其实根本就没有启动。他是被自己吓死的。

这个故事告诉大家，有的时候，人最大的敌人其实就是自己。要想成为一个成功者，特别是一个成功的男性，就必须超越自己心里的那条界线，勇敢地面对一切，说自己想说的话，做自己想做的事，不断攀登生命的高峰。身为男孩父母，你有必要不断帮助自己的儿子超越心中的界线，创造生命的奇迹。

第五节　面对逆境

每个人都希望通过自己的努力获得工作、生活的成功，然而在人生的道路上，谁都不可避免地要遇到各种各样的困难。如果不具备足够的勇气战胜困难，面对逆境，就必将一事无成。相比女性，多数男性在童年时代，以及成年之后往往要面临更多的挑战和压力，当然也就无可避免地会经受到更多挫折的考验。

逆境指主客观不利于人才个体的成长，或给成长带来种种困难的状况。逆境对于强者来说，不但不会窒息成才的愿望，反而会加强成长的信念和信心。正如德国哲学家尼采所说：“平静的湖水练不出精悍的水手，安静的环境造不出时代的伟人。”天地浩渺，人生坎坷，生活之路从来都是不平坦的，挫折和逆境常常和人生相伴。父母要让孩子勇敢地面对逆境。

生长在贫瘠岩石缝中的黄山松，虽然石头没有给它足够多的养分，却可以长得郁郁葱葱，有着长达几百年的生命。培养在温室里的花朵，有着看似近乎完美的生长条件，也可以开出绚丽多彩的花朵。但是，如果将它移植到室外，结果只能是“零落成泥碾作尘”了。

每个人都明白这个道理。孩子不能总是生活在父母的呵护之下，总有一天会离开父母，直接面对生活的挑战。因此，父母不能总为孩子提供如同温室般的环境，而是要让孩子逐步学会自己克服困难，面对逆境，锻炼孩子尚未成形的翅膀。特别是对于男孩，父母更不能“心慈手软”，要让他们充分地经风雨、见世面，体会生活的艰辛。只有这样，孩子才能通过不断挑战逆境、解决困难，获得自己所需的关于人生的重要经验，将来才能真正有足够的勇气和智慧面对生活，成为一个顶天立地的男子汉。

在逆境中，很多男孩都容易产生消极反应。他们往往会垂头丧气，甚至采取退避的方式回应逆境。这是做家长的最不愿意看到的现象。在这个时候，家长最需要做的就是用你的鼓励，帮助男孩克服困难，走出逆境。

例如，当孩子登山怕高、怕摔跤的时候，就应该鼓励孩子说：“别怕，你行的，摔一跤算什么！”“你真勇敢！”当孩子一次次通过自己的努力战胜了困难，他便会增添勇气，激起挑战逆境的欲望，害怕的心理就会消失，自信心就会增强。这时的孩子就会坚定地相信自己的能力，有勇气克服任何困难，抗挫折能力也就渐渐培养起来了。

那么，在儿子面对逆境的时候，家有男孩的父母们应该怎么做呢？在这方面，你可以参考德国父母的一些做法。

1. 和孩子坦率地交谈，有利于孩子树立信心，战胜困难

交谈可以使双方更加了解。孩子从小就与父母生活在一起，每天都有机会进行言语交流，父母要抓住时机，多和孩子推心置腹地谈论周围发生的事情，讨论遇到的问题。在和父母交流的过程中，孩子就会耳濡目染，在不知不觉中受到熏陶。

另外，当孩子面临逆境的时候，他们首先需要的就是成人，特别是父母的关心和支持。如果父母能够给予孩子适当的同情和开导，引导孩子用正确的方法解决困难，那么孩子就会从小树立起战胜困难、挑战逆境的勇气和信心。

2. 为孩子提供一个良好、和谐、愉悦的家庭气氛，能够帮助孩子鼓起勇气，正视面前的逆境

父母的爱可以使孩子紧张的情绪得到松弛，可以使孩子增强与苦难拼搏的勇气；父母的关心能够帮助孩子渡过难关。孩子在慈爱而不是溺爱、严格而不是严厉、引导而不是包办的环境中生活，会得到莫大的安慰和力量，激发起正视逆境的勇气。

3. 创造条件，让孩子亲身实践并尝试成功的喜悦

要给孩子多提供锻炼的机会，在平凡的小事中开拓孩子的进取意识和创造力，提醒并指导孩子克服困难的具体方法，帮助孩子解决自己生活中的问题，让孩子充分体验达到目的后的快乐。

4. 以信任和鼓励的态度，引导孩子独立解决困难

信任和鼓励是刺激孩子奋发进取、坚持完成任务的有效方法，而且还会使孩子的身心愉悦。运动员在最后的冲刺阶段往往会在观众的呐喊加油声中创造出优异的成绩，教育孩子其实也是这个道理。当孩子面对逆境的时候，父母切忌采取不管不问、讽刺嘲笑、过多批评、大声呵斥、粗暴责问的方式。这样不仅不会缓解孩子沮丧的情绪，还会使孩子感到束手无策，失去解决困难的勇气和信心。正确的做法是引导孩子分析原因，并想办法克服困难，必要时父母还要为孩子提供一定的帮助。

为了锻炼自己的儿子勇敢地挑战逆境、应对困难，成为未来生活中的强者，德国的男孩父母们总是有意识地培养自己的孩子穿越逆境的勇气和智慧。

为人父母者都应该明白这个道理，人生道路上难免会有面对逆境的时候，如何正确面对它们就成了每个人立足于世首先要回答的问题。对于小孩子，特别是那些在不久的将来注定承担更多社会、家庭责任的男孩子们来说，敢于面对失败，如何挑战逆境，往往是他们长大后能

否获得幸福，并且成为一个成功男人的关键。在日常生活中，常常可以遇到一些对自己没有信心，无论做什么事都畏畏缩缩，不敢自己做决定的人，他们的信心缺乏往往源自童年时代失败经历带来的无法摆脱的阴影。对于男人来说，这样的性格缺陷显然是致命的。

有些孩子在做某件事遭遇失败之后，便有了心理压力，今后再做什么事情都变得畏首畏尾。这样一来，本来可以做好的事情也会被他们搞砸了。遗憾的是，有些父母在孩子遇到失败，产生心理阴影的时候，不仅不能给予适当的鼓励，反而责怪他“太笨”、“太蠢”。这样做的后果不仅不能帮助孩子鼓起勇气面对失败，还会使他的心理压力越来越大，最终压垮自己。

很多德国人相信，在孩子遭遇逆境、面临失败的时候，宽容地对待他们，帮助他们找回自信是每个父母应尽的责任。学会宽容，也就是说在一定的时候允许孩子失败，是帮助孩子鼓起勇气面对失败的最好办法。老威特先生就是这样一位理性而明智的德国父亲。

为了让自己的儿子从小就拥有健康的体魄，老威特除了平时注重儿子的身体锻炼之外，还经常鼓励他参加一些有益身心的体育活动。

有一回，老威特专门为儿子和他的小伙伴组织了一次射箭比赛。虽然孩子们都是第一次当弓箭手，但其中有好几个孩子都射得非常有准头，不亚于专业选手，大家都为他们的射手天赋惊叹不已。

出乎所有人意料的是，一向聪明的小威特这次的表现却非常差劲。他的动作笨手笨脚，不是对不准靶心，就是掌握不好力度。看见小伙伴们一次又一次地命中靶标，小威特灰心了。小威特是个很好强的孩子，这种局面令他难受极了。注意到儿子出现沮丧情绪的老威特悄悄把儿子叫到了一旁。

“儿子，怎么啦？你是为自己的落后而难过了吧？”老威特关切地问道。

“是的，我觉得自己太笨了。”小威特回答。

“你怎么会这么想呢？每个人都有各自的长处和短处。这是很正常的呀！虽然你没有他们射得好，但我相信多射几次，你一定能掌握射箭的诀窍。”老卡尔安慰道。

“可是，我已经尝试了许多次了，每一次都是失败。我想我再也不可能超过他们了，”小威特心灰意冷地说，“我觉得我都有点害怕了”。

“害怕？你害怕什么？害怕失败吗？”老威特问道。

“是的，我越射不准就越害怕，越害怕就越不行。”小威特几乎有些哽咽了。

“我想，你射不准并不是你在这方面不行，完全是心理因素在作怪。你在其他方面都是最优秀的，所以不甘心在射箭上落后于别人。于是，从一开始你就有心理压力。这种压力正是地你越来越射不好的原因。”老威特劝说儿子道。

“咦，爸爸，你怎么知道我心里的想法？我就是因为害怕不如他们才射得这样糟的。”小威特说道。

“既然你知道原因，为什么不放开一点儿呢？反正只是个游戏，谁胜谁败都没有关系。”

听到父亲这样说，小威特深深地吁了一口气，重新回到赛场上。这次，小卡尔的表现非常好，连续三箭都射中靶心。

为什么小威特突然之间就从一个根本无法命中目标的门外汉变成了一个优秀的小射手了呢？恐怕正是老威特的那句“谁胜谁败都没有关

系”起了作用。

通过卡尔·维特的这个例子可以看到，允许孩子失败是帮助孩子战胜逆境走向成功的关键因素。每个孩子从刚出生开始一直到成年，这个过程中不知要经历多少次失败，但还是能够取得最终的成功。这就是没有失败就没有成功的道理。很多时候，逆境其实并不可怕，可怕的是在逆境中失去应有的勇气，把自己的命运交给敌人。

第六节　勇于担当

我们常常把自己家庭中的男性，例如父亲、丈夫称为家里的顶梁柱，在德国其实也有类似的说法。在德国人看来，身为男性自然而然就意味着要承担更多的责任。这其中既有对于社会、国家的责任，也有对于亲人、朋友的责任。能否勇敢承担与自身地位相称的责任，也由此成为德国社会评价男性的一条重要标准。因为这个原因，家有男孩的德国父母都非常重视对于自己儿子责任意识的培养。

在德国波茨坦，就发生过这样一个故事。

于尔根出生在波茨坦附近的小镇上，他是一个非常懂事、勤劳的孩子。于尔根12岁的时候，就开始利用放学后的时间给附近的邻居送报纸，以此赚取自己需要的零用钱。

在他送报的客户中，有一位慈祥善良的老妇人。虽然于尔根并不知道这位老人的名字，却对她终生难忘。他经常和人说起这个故事，希望让更多的人从中受益。

那是一个风和日丽的下午，于尔根和几个小伙伴躲在那位老妇人家的后院里，朝她的房顶上扔石头。那些石头一会儿像子弹一样飞出去，一会儿又像彗星一样从天而降，接着发出很响的声音。正当孩子们津津有味地注视着飞来飞去的石头，玩得不亦乐乎的时候，于尔根又捡起一块石头扔了出去。或许是因为那块石头太滑了，当他掷出去的时候，一不小心，石头偏了方向，直接飞到了老妇人后廊的一面窗户上。紧接着，只听“咣当”一声，于尔根知道自己把老妇人的玻璃打碎了。他感到非常害怕，于是就赶紧逃离了现场。

那天晚上，于尔根躺在床上，翻来覆去地想这件事。可是第二天他去送报纸的时候，却惊讶地发现老妇人依然像往常一样微笑着和他打招呼，非常的和蔼可亲。

就这样很多天过去了，什么事情都没有发生。于尔根猜想自己可能已经脱离了险情。可是他心中的犯罪感却与日俱增。于是他决定把送报纸的钱攒下来，给老妇人修理窗户。

三个星期之后，于尔根已经攒了10马克。他计算过，这些钱已经足够给老妇人修理窗户了。于是，他准备了一个信封，把钱放在里面。接着又给老妇人写了一封信，在信上他明白地解释了事情的来龙去脉，并说出了自己的歉意，希望能够得到她的谅解。等到天黑的时候，于尔根才小心翼翼地来到老妇人的家，把信封投到她家门口的信箱里，然后才长长地舒了一口气，觉得自己的灵魂终于得到了解脱。

第二天，于尔根又去给老妇人送报纸。这次，他终于能够坦然地面对老妇人的微笑了。于尔根微笑地和老妇人打招呼：“您好，夫人！”老妇人看起来非常高兴，拿到报纸之后，说了声“谢谢！”，然后又递给于尔根一样东西说：“这是我送给你的礼物。”于尔根打开之后，发现是一袋饼干。他非常高兴，吃了几块饼干之后，发现袋子里还有一个信封。于尔根疑惑地将信封打开，发现里面竟装了10马克和一封信，信上写着一行字：诚实的孩子，我为你感到骄傲！

金无足赤，人无完人。犯错误并不可怕，可怕的是缺少承担错误的勇气。故事里的于尔根不缺少这种勇气，所以他不但自己获得了灵魂的解脱和升华，还得到了老妇人的褒奖。

在某种意义上，逃避责任也是人的天性。孩子强烈承担意识的获得，往往需要父母、老师的后天培养。对于那些家有男孩的父母们来说，这项任务的意义就显得更加重要。毕竟，一个缺少承担意识的男人不但很难获得社会的认可，也无法取得生活、工作中的成功。

在德国，还流传着这样一个小故事。

一个11岁的德国男孩和朋友踢足球的时候，不小心打碎了一家店铺的橱窗玻璃。店主为此向他索赔13马克。在当时的德国，13马克可是笔不小的数目，足可以买125只生蛋的母鸡。男孩没有办法，只好去向自己的父亲承认错误，请求父亲帮助。然而出乎意料的是，父亲斩钉截铁地对他说：“男孩必须勇于承担责任，对自己的行为负责。”

“可是，我哪有那么多钱赔人家？”男孩非常为难。

“我可以借给你。”父亲拿出13马克，“但是一年之后你必须如数还我。”

于是，为了补上欠父亲的亏空，男孩便开始了自己艰辛的打工生涯。经过半年时间的努力，终于挣够了13马克这个“天文数字”，还给了父亲。

故事里的这个小男孩，就是日后担任德国总理的施罗德。他在多年之后回忆这件事的时候说：“人必须通过自己的努力去承担过失，男人更应该如此。父亲当年的不近人情让我懂得了什么是男人的‘担当’。”

在历来崇尚阳刚精神的德国人看来，“担当”应该作为一种品质根植于男孩的心灵。而在培养担当意识方面，父母更是责无旁贷。众所周知，父母是孩子心中的权威，孩子从小就喜欢模仿父母的各种行为。对孩子、对长辈、对爱人、对家庭、对社会毫无责任感的父母，也不可能培养出具有很强责任心的孩子。所以，父母应该在生活中严于律己，给孩子做好表率，从而更好地影响和教育孩子。父母要教导孩子勇于对自己的言行负责，不要逃避、推卸责任。无论孩子有什么过失，都要让他勇敢地去承担责任。

为了培养孩子的承担意识，父母应该积极引导，让孩子逐渐养成习惯。虽然年龄较小，但多数孩子五六岁的时候责任心已经处于萌芽阶段。在这个阶段，父母可以让孩子学会做一些力所能及的事情，多承担一些责任，自己的事情自己做，比如自己吃饭、穿鞋、收拾玩具、打扫房间、整理床铺、洗漱之类。等孩子稍大一些，就要从生活中的小事着手，教会孩子自己整理书包、饭后收拾碗筷、扫地擦地等。孩子慢慢做习惯了，对于责任的承担意识也就建立起来了。

适当的时候，也可以让孩子品尝一下不负责任的苦果，用事实提高他的警惕，下次做事就不会再马虎草率。比如孩子乱丢玩具，却拒绝整理，父母就可以把乱丢的玩具收拾起来，暂时没收，让他知道不负责任的后果。孩子损坏了别人的玩具，可以让孩子自己修理，或者照价赔偿。

为了增强孩子的承担意识，还要注意培养孩子做事有始有终，负责到底的好习惯。孩子的好奇心强，兴趣爱好广泛，但做事往往只有几分钟的热度，稍有困难和挫折，就不愿意坚持下去。因此，家长交给孩子去做的事情，都要进行全程监督，不让孩子轻易放弃。为了让孩子能够坚持把一件事做完，保持孩子的积极性，最初的时候，可以给孩子选择一些相对简单的任务，并且经常换换花样，让孩子保持新鲜感，有兴趣坚持下去。良好的承担意识是需要用坚强的意志和持之以恒的态度来保证的。

父母还应该让孩子参与家里的一些事务，多让孩子发表一下意见和看法。家长可以根据实际情况适当采纳，甚至可以直接把力所能及的任务交给孩子，不要害怕孩子做不好。如果家长一味地看重结果，而对孩子进行埋怨、责备，或是忍不住取而代之，都会打击孩子的积极性。孩子毕竟是孩子，难免会因为各种各样的原因犯错误、出问题。家长一定要沉住气，学会耐心等待，学会容忍孩子收拾得不算完美的床铺和书桌，洗得不干净的衣服、袜子。孩子只有通过不断地实践体验，才能逐步提高各种技能。最重要的是通过实际做事，孩子可以得到对“承担”的心理体验。心理体验多了，孩子的承担意识就会不断地强化和提高。

父母是孩子最好的老师。在培养孩子的承担意识的过程中，父母除了言传，更应该身教。下面这位德国母亲的做法，值得所有家有男孩的中国父母借鉴。

格里是德国法兰克福的一名普通小学生。有一天，格里没有等到晚上放学，就哭着回到了家。送他回来的是学校里的警卫。格里的母亲萨利特斯焦急地询问警卫：“这到底是怎么一回事？”

警卫回答说，放学前小朋友们排队，可格里根本就不好好站，总是窜来窜去的，结果不知怎么，就和一个同学起了冲突。老师批评了格里几句，他就开始哇哇地哭个不停，还跟老师嚷嚷：“我没错！我没有打他！”

母亲萨利特斯向学校的警卫道了谢，就拉着格里进了家门。

“怎么回事？”萨利特斯看着两眼红红的格里问道。

“我不小心和马克撞了一下，结果马克就使劲儿地推我。我踢了他一脚，马克哭了，老师就批评我了。”格里的脸上挂着两行泪珠，又赶忙强调了一句：“是他先推我的！”

听到这里，萨利特斯基本上把事情的来龙去脉搞清楚了。她语气平和地问格里：“难道你就一点责任都没有吗？”

“当然没有！不是我的错！是马克先推我的！”

“那好，现在我问你，如果你好好按照老师的要求排队，不乱跑，你会不小心撞到别人吗？你没有撞到马克，马克会推你吗？”

格里默不作声了。

“现在你再仔细想想，你一点责任都没有吗？你是男子汉，记住，不要把什么责任都推到别人的身上！遇事仔细想一想，为什么别人会这样对你，你是不是做了什么不对的事情。”

最后，萨利特斯对儿子格里说了一句话：“你得学会承担自己的责任！”

听了母亲的话，格里用力地点了点头。

如果你是萨利特斯，当你的孩子回来向你诉说在外面受到的“委屈”时，你会怎么做？是劈头盖脸地责备孩子一番，还是气愤地要带孩子找那个孩子“算账”？

萨利特斯夫人的做法，相信会对所有的父母们有所启发。萨利特斯夫人首先帮助孩子分析自己身上存在的问题，让孩子明白每个人都要为自己的行为承担责任。特别是作为男子汉，在发生错误的时候，更不要一味地抱怨别人，而是要敢于自己勇敢地承担。

第七节　勇敢地说“不”

说了那么多关于勇气的话题，无论是有勇气说出自己要说的话，还是有勇气做自己想做的事情，基本都是围绕着应该坚持某件事情来说的。然而生活毕竟非常复杂，有些时候，人不仅要有坚持某件事情的用勇气，还需要有放弃某件事情的勇气。换句话说，就是要有敢于说“不”的勇气。说“不”的对象既可以是其他人，也可以是自己。

裘德是一名德国小学生，一天上课的时候，老师教给她一个有趣的绕口令，并让他回到家里多练习练习。裘德在家练习了一会儿，就说得非常流利了。

于是，裘德得意扬扬地跑到爸爸那里说道：“爸爸，这样难的绕口令，我都能说得如此流利了。”

爸爸听到之后，淡淡地说道：“爸爸还知道更难说的绕口令。那就是两个字——是和不！”

第二天放学后，裘德和几个同学走在回家的路上，其中一个同学建议大家抄近路走。所谓的近路其实就是一条很深的小沟，上面架有一座年久失修的独木桥。这座桥十分危险，平时爸爸经常告诫裘德不要从桥上面过。想到父亲的告诫，裘德犹豫了一下就拒绝了。

这时，其中的一个同学说道：“裘德害怕了，胆小鬼！”接着，其他几个孩子也开始发笑了。

裘德听到他们的笑声非常生气，于是赌气地说道：“谁说我是胆小鬼了，我现在就走给你们看！”

于是，裘德第一个走上了木桥。当他走在颤颤巍巍的木桥上的时候，心里就开始害怕了。正当他走到中间的时候，木桥突然断裂了，裘德也掉进了小河里。不过幸好，裘德没有生命危险，也没有被摔伤，但是浑身上下都湿透了，像一个“落汤鸡”。

回到家之后，爸爸看到裘德的狼狈样子，忍不住批评了他：“你怎么这么不懂事！我早就对你讲过不要走那座独木桥，可你还是走了。”

裘德支吾了一会儿，低着头说道：“因为同学们一再建议，所以我……我就……”

“为什么不拒绝呢？”父亲生气地问道。

“刚开始的时候，我拒绝了，他们嘲笑我是胆小鬼，可是我不想做胆小鬼，我想证明给他们看我是一个勇敢的人，于是我就第一个踏上了木桥。”

“你以为踏上木桥就是勇敢了吗？其实你就是一个胆小鬼，对同学们的不合理要求不敢说‘不’。现在你应该明白我昨天说的话了吧？尽管你的绕口令很难说，但只要你口齿灵巧，经过一定时间的练习就可以说。然而‘是’和‘不’却要考验自己的判断和决心，对别人大胆地说‘不’，有时候比说‘是’更需要勇气。”

在现实生活中，经常可以遇到类似裘德的这种情况。面对别人的不合理要求，有的人碍于情面，有的人怕被别人嘲笑，都没有勇气对别人说“不”。这样的人，看似勇敢，实际上却是最懦弱的。试想，一个连自己真实想法都没有勇气表达的人，又怎么会成长为一个勇敢的人呢？一个连自己真实想法都没有勇气表达的男人，又怎么会成长为一个勇敢的男人呢？

作为男孩父母，你有必要让自己的儿子懂得，面对别人的要求，当你力不能及，或者极不情愿的时候，要有勇气把“不”字说出来，要有敢于坚持“是就是”、非就非”的勇气。自己认为是正确的，就要坚持自己的原则，并且明确表明自己的意见。否则，只会让自己陷入更加窘迫的境地。

通过裘德的案例可以看到，坚持自己的原则是一件极其考验勇气的事情。然而在生活中还有比对别人说“不”更加考验勇气的事情，那就是对自己说“不”。

19世纪中叶，加州发现金矿的消息从美国传到德国。许多人认为这个机会千载难逢，于是，大家纷纷奔赴加州淘金。在这个庞大的淘金队伍中， 17岁的罗尔夫也是其中的一员。为了实现自己的发财梦，罗尔夫和大家一同历尽千辛万苦赶到加州。

的确，淘金是一个非常美的梦，做这种梦的人也比比皆是，前来淘金的人因此络绎不绝。以至于一时之间，加州遍地都是淘金者。然而，金子的储量却是有限的，随着淘金者的增多，金子开始变得越来越难淘。不但金子难淘，就连生活也越来越艰苦。加州当地气候干燥，水源奇缺、食物匮乏，许多不幸的淘金者不但没有实现自己的发财梦，反而丧身此处。

罗尔夫经过一段时间的努力，不但没有发现黄金，反而被干渴、饥饿折磨得奄奄一息。不但如此，罗尔夫还要时时刻刻受到一些老练淘金者的欺负。这些老练的淘金者生怕这些小孩子们挡了自己的发财机会，因而不停地向他们挑战，甚至对他们大打出手。很多年轻人迫于无奈，只好默默地走了。罗尔夫的日子虽然也很难熬，但是他顶住压力，依然坚持着。

有一天，天气异常干热，罗尔夫望着水袋中的一点点舍不得喝的水发呆，身边的人也在不停地抱怨这里太缺水了。突然，一个奇怪的念头跃入罗尔夫的脑袋中："淘金的希望太渺茫了，还不如卖水呢。"

于是，罗尔夫果断放弃了淘金，将手中挖矿的工具变成了挖水的工具。他将远方江河水引入水池，用细砂过滤，使之变成清凉可口的饮用水。然后将水装进水桶中，挑到山谷中一壶一壶地卖给找金矿的人。当大家看到罗尔夫卖水的时候，很多人感到不可理解。甚至还有人嘲笑罗尔夫，说他千辛万苦地来到加州，不挖金矿发大财，却干起这种蝇头小利的小买卖，这种生意哪儿不能干，何必跑到这里来呢？肯定是脑筋有问题。

面对大家的讽刺，罗尔夫毫不在意，不为所动，继续卖他的水。在他的眼里，世上根本没于现在这样好的买卖，他几乎无成本地把水卖出去，把钱赚回来。除了加州淘金地，世界上哪里还有这样好的市场呢？结果，淘金者们大都空手而归，只有罗尔夫在很短的时间内靠卖水赚到几千美元，这在当时已经算是一笔相当可观的数目了。

坚持理想需要勇气，放弃一个理想其实更需要勇气。面对异常艰苦的生活条件和老淘金者的欺负，如果罗尔夫和其他人一样，选择了继续寻找金矿，那么成功或许永远也不会眷顾他。因为事实证明，在众多淘金者中没有多少人真正淘到金子。罗尔夫之所以能够取得成功，就在于他有勇气选择放弃，重新选择一条新的道路。

在现实生活中，很多人在某些领域苦苦追寻、探索，却没有取得一点成就，但始终就是缺乏放弃的勇气，寻找一条新的道路。这样的人往往很难得到成功的青睐。罗尔夫的故事充分说明，敢于放弃也是一种勇气。面对没有结果的理想，不如勇敢放弃，寻找另一片天空。

在德国有这样一句家喻户晓的话："你若失去了财产，你只失去一点；你若失去了荣誉，你就丢掉了许多；你若失掉了勇气，你就把一切都失掉了。"在孩子成长的道路上，快乐总是和苦难相伴，胜利总是和失败相伴。在他们追求成功的过程中，只要内心有无限勇气就能从教训中积累力量，从失败中重获新生，就一定可以通往光明的未来，享受世界的美好。对于那些命中注定要在成年之后面对更多挑战、承担更多责任、遭遇更多挫折和逆境的男孩们来说，拥有一颗充满勇气的心灵，将是他们在工作和生活中走向成功的制胜法宝。

第 6 章

不朽的独立精神

现代德国人的祖先条顿人的社会结构是一种半军事化的组织。它的特点就是寓兵于民、兵民结合，所有社会成员，特别是男性成员在这样的社会结构中都具有相当明确的分工，每个人都有属于自己的位置，缺一不可。用更通俗的话来说，就是“一个萝卜一个坑”。所有社会成员各司其职，不可能太多依赖别人。很多时候，每个人只对自己的生命负责，不可能对别人的生命负责；每个人只对自己的选择负责，不可能对别人的选择负责。只有这样才能保证整个社会像一架精密的机器那样，运转正常。因为这个原因，曾经的德国也被欧洲人敬畏地称为“军人之国”。

正是由于这样独特的历史背景，催生了今天德意志民族的“双重性格”。一方面，整个社会非常强调团队意识，所有成员必须齐心协力，必要的时候，可能还要牺牲个体的利益，保障集体；另一方面，每个社会成员又具有很强的独立精神，勇于承担自己应负的职责，坚守属于自己的理想。作为德意志文化、文学代表的歌德，以及他笔下的浮士德就是这种独立精神的最直接体现。

1832年3月22日歌德在家中溘然长逝，他为后人留下了这样的名言：“没有独立精神的人，一定依赖别人；依赖别人的人，一定怕人；怕人的人，一定是阿谀谄媚的人；人要始终把命运牢牢地抓在自己手里。”

第一节　德式“放羊教育”

人是社会性的动物，很多时候，人需要朋友，需要他人的理解和支持，但是有些时候，人又必须相信自己、依靠自己，坚持一种独立的精神，把命运牢牢地抓在自己手里。

为了让孩子从小拥有这种“把命运牢牢抓在自己手里的能力”，德国人从幼儿园开始就注重对孩子独立精神的养成。

鲜为人知的是，现今人们已经司空见惯的幼儿园，最早其实正是由德国人发明的。在1840年，德国人弗雷德里克创办了世界上第一家公立幼儿园。这之后，无论德国怎样改朝换代，境内的幼儿园数量却一直与日俱增，并被其他国家模仿、借鉴。英语“幼儿园”（kindergarten）这个词本身也来自德语。

德国人不但发明了幼儿园，在幼儿园的教育方法和理念方面也具有一套相当独特的理论。在德国父母看来，孩子长大之后早晚都要离开父母，独自到外面的世界中闯荡，与其等到他们惶恐无助地面对社会，倒不如让他们从小经受摔打，培养他们的独立精神，从而塑造出他们直面人生的勇气和本事。因此，德国的教育一直奉行“随意教育”。尤其是在德国的幼儿园中，“放羊”式的教育方式更加流行。下面我们就来看看5岁男童雅克在幼儿园里的一天：

上午9点钟，尽管汉诺威寒冷无比，但是位于市区的玛格瑞特幼儿园门口却十分热闹。雅克背着硕大的双肩书包，精神抖擞地走进了幼儿园。值得一提的是，在这里，你只能看到孩子，却发现不了家长的身影。

这所幼儿园是一座两层的小楼。室外有大片的活动场地，随处可见的是草地、沙地、石头地，却唯独看不到中国幼儿园中的塑胶地。话虽如此，雅克和别的孩子在户外活动的时候胆子却非常大，登梯爬高一点儿也不含糊。对于孩子们的“胡作非为”，幼儿园的老师却只是远远地站在门口观察，一点儿也不提醒孩子们，更不会去干涉他们的活动。

当时的天气虽然十分寒冷，但是在户外玩耍的孩子却没有穿棉衣，雅克也只是穿了一件绒衣，甚至有的孩子只穿半袖、短裤之类的衣服。对此，幼儿园的老师解释说：“孩子应该比大人穿得少一点，因为他们活动量很大，容易出汗，穿多了反而容易感冒。而且，臃肿的衣服甚至还会影响他们活动的灵活性。”

中午12点的时候，幼儿园开始午餐了。只见孩子们三三两两地来到餐桌旁边，老师把饭盘放到孩子面前。大点的孩子就用勺子吃，年龄小的孩子直接用手抓着吃。那时候，刚入学的雅克对此很不熟悉，总是看着其他的小朋友狼吞虎咽，自己却站在那里一动不动。他一会儿看看这儿，一会儿又看看那儿。观察到雅克的窘境之后，老师却并不直接给他喂饭，而是叫他坐在小凳子上，用手势和语言教他吃饭。但是初次尝试的雅克就是学不会，只能呆呆地坐在那里，空着肚子看着别的孩子吃。一直等到吃饭结束，雅克也没有吃到一口饭。对此，老师解释说：“德国人从来不会喂孩子吃饭，如果孩子饿了，他们会主动吃的。雅克现在不会吃，下次就会了。孩子不会做的事情，老师只在必要的时候给以言语或者行为上的鼓励和暗示，绝对不会代替他们完成。”

在某种意义上，这些看起来似乎非常“随意”的德国幼儿园其实正是整个德国教育体系，乃至整个德国社会的缩影。表面上的“随意”，却在根底里彰显着一种不一样的魅力。在德国教育家的理论中，“每个孩子都是一个独立的个体，孩子做的都是对的，孩子怎么做都无所谓，没有不对的行为”。因此，父母和教师的首要职责并非是像许多中国老师、家长所做的那样，过多干涉孩子，禁止他们做某某事，而是为他们的独立活动提供充足的空间。这种理论看似不负责任，却在培养孩子独立精神和自主意识方面具有无可比拟的优势。正是这种看似随意的教育，无时无刻不在对孩子进行着锻炼，从根本上提高着孩子的独立生活能力，为孩子今后的发展打下了坚实的基础。那些成天抱怨自己儿子自理能力差，整天依赖父母的中国家长们不妨借鉴一下德国人的教育方法，多为孩子多提供一些自己做决定的空间。

独立性和自主意识是人格要素的核心。独立性和自主意识能否形成，决定着孩子能否发展成熟，能否具有健全的人格。判断一个人是否成熟的标准，就是看他是否具有独立的价值判断能力，具有独立选择、做决定的能力，以及承担自己选择后果的能力。在这个过程中，家长的主要职责就是协助孩子自己去处理各种人生问题，并且逐渐成熟、长大。

因为众所周知的原因，相比女性，拥有足够的独立性和自主意识对于男性工作、生活的成功更加重要。如何培养男孩的独立性和自主意识，也就由此成为每个国家、每种文化都非常重视的一个问题。

为了从小培养儿子的独立精神，家有男孩的德国父母有时候甚至到了“不近人情”的地步。

慕尼黑的奥林匹克公园依山而建，有很多陡坡和山路。在公园的足球场外就有这样一段很陡的坡路，只有爬上这段坡才能看到足球场内部。有一天，一对德国夫妇带着自己5岁大的儿子准备越过这个陡坡，去看精彩的足球比赛。

开始的时候，小男孩站在坡下，他踮起脚尖探着身子想要往里看，但是怎么也看不到。只见他抬头看了看那个陡坡，以及站在上面的人，眼中充满了怯意，不敢向上爬。

就在这时，孩子的父亲走了过来。他拍拍小家伙的脑袋说道："来，抓住我的手往上爬，没关系的，你的男子汉，大胆点！"听到爸爸的鼓励，孩子开始小心翼翼地向上爬。刚开始的时候，小男孩有一点害怕，但是在爸爸的鼓励下，还是爬到了最上面，看到了激烈的足球比赛。小男孩异常兴奋，还回头向站在底下的妈妈挥了挥手。

没过多久，父亲就放开了儿子的手，然后迅速地跑了下来。等他跑下陡坡，来到平地之后，就大声地对儿子喊道："我勇敢的宝贝，自己跑下来，你一定行的。"

小男孩先是一惊，但是看到爸爸鼓励的眼神，终于还是迈出了自己的第一步，小心翼翼地走了下来。这时，夫妻二人一起抱起儿子，像是儿子做出了什么壮举似的，不断地亲吻他、称赞他。

过了片刻，父亲又将儿子放下，然后对他说："这一次不要依靠别人的帮助，自己爬上去怎么样？"小男孩看看父亲，坚定地点了点头。

就这样，小男孩终于凭着自己的努力爬了上去。

对于德国父母来说，鼓励四五岁的小男孩去爬高，是稀松平常的事情。在他们看来，这种行为是最原始的针对胆量和独立能力的训练。凡是儿童自己能够做的，就应该让他自己去做；凡是儿童自己能够想的，就应该让他自己去想。对待孩子，他们不是无微不至地呵护，而是选择引导孩子离开家长的庇护去勇敢地、独立地完成自己想做的事情。

德国教育学家米夏埃拉·伯姆认为："作为一个孩子，他的任务是学习别人的行为方式，然后自己去实践，看一看这样做的结果是什么。开始的时候，也许没有任何界线和规矩，但是孩子应该享有自由做事的权力。父母所能做的就是为孩子提供更多独立选择的空间。”

表3、表4分别是父母在家庭生活中不尊重孩子独立人格的28种表现，以及尊重孩子独立人格的33种表现。家有男孩的你可以作为参考，完善自己的家庭教育方式。

表3　不尊重孩子独立人格的28种行为

1	不重视孩子的看法和观点
2	不理会孩子认为需要引起注意的问题
3	过多占用孩子的时间
4	把孩子单独撇下来不管
5	没有停下手中的活，认真倾听孩子要对自己说的话
6	用不耐烦的口吻回答孩子提问
7	使用与婴儿说话的口吻与孩子交谈
8	自己心里有事，借骂孩子出气
9	打断孩子间的交谈
10	为赶时间而中断孩子正在进行的活动
11	忘了履行自己许下的诺言
12	代替孩子回答客人提出的各种问题
13	虽然花了时间和孩子一起玩，却没有真正投入感情
14	对孩子的态度显得很不耐烦
15	挖苦、嘲笑孩子
16	对孩子大声嚷嚷
17	采用体罚方式使孩子陷于一种难受的境地
18	对孩子寄予过高的期望
19	经常催促孩子
20	处理不好自己的问题而迁怒孩子

续表

21	辱骂孩子是笨蛋
22	当孩子的安排与自己的安排产生冲突的时候，显得很恼火
23	总是看到孩子的缺点
24	忽略孩子的情感
25	偷偷走到正在做错事的孩子身旁
26	冷落孩子
27	不给孩子解释的机会
28	阻止孩子做真心喜欢的事情

表4　尊重孩子独立人格的33种行为

1	认真倾听孩子想告诉自己的事情
2	再忙也要抽出时间和孩子在一起
3	与孩子一起游戏
4	和孩子一起画画着色
5	放手让孩子自己解决他们间的争吵
6	赏识孩子的才能
7	喜欢听孩子最爱唱的歌
8	对孩子做的事情表现出兴趣
9	与孩子进行目光交流
10	鼓励孩子要有自己的看法和观点
11	允许孩子做出自己的选择
12	制订时间表时考虑到孩子的需要
13	允许孩子有自己的隐私
14	通过语言或行动对孩子的出色表现做出反应
15	允许孩子有自己的社交圈，不要过分干涉
16	称呼孩子的名字
17	鼓励孩子有独创性
18	认真回答孩子提出的各种问题

续表

19	让孩子把话说完，不要打断
20	尊重孩子选择活动的权力
21	允许孩子犯错误
22	意识到孩子有其个性
23	与孩子打交道有灵活性
24	允许孩子有不同甚至反对意见
25	爱惜孩子的东西
26	给孩子转变过渡的时间
27	倾听孩子的问题，并意识到该问题给孩子心理造成怎样的压力
28	与孩子平等交谈
29	让孩子有交流、发言的机会
30	征求孩子对某个问题的解决办法
31	尊重孩子的观点与看法
32	没有忘记玩耍对每个孩子都是必不可少的
33	不浪费孩子的时间

第二节　告别依赖

每个父母都明白这个道理，孩子总要长大，并且会一个人独立生活。如过从小对孩子照顾得过于无微不至，不能够加以适当的锻炼，就很可能会让他们丧失独立面对世界的能力。一旦他们离开父母的引导，生活就会变得一塌糊涂。因此，作为父母，特别是男孩的父母，一定不能过分地溺爱孩子，而是要帮助他们掌握独立生活的能力。每一个男孩都是未来翱翔蓝天的雄鹰，如果不能让他们从小明白什么叫作独立，他们就永远无法享受自由飞行的快乐。

歌剧《五月天》中有一首很有名的唱段《天使》，歌中这样唱到：

不管世界变得怎么样
只要有你就会是天堂
像孩子依赖着肩膀
像眼泪依赖着脸庞
你就像天使一样
给我依赖，给我力量
像诗人依赖着月亮
像海豚依赖海洋

歌曲虽然很美，但是如果父母总是让孩子依靠着自己的肩膀，就会让孩子形成依赖的性格。孩子就会什么事情都依赖父母帮自己做，小到穿衣吃饭，大到选择学校、选择专业、选择工作。孩子就像一个提线木偶一样，让大人随意摆布。如果大人不给他提供建议，或者亲自代替孩子去做，孩子就会觉得无所适从。过多的保护只会让男孩对父母产生强烈的依赖心理，让他变成废物，最终一事无成。

父母是孩子的启蒙老师，孩子之所以会存在依赖心理，很大程度上和父母对待孩子的态度有关。在上学路上，经常可以见到这样的情景：孩子上学，家长帮忙背书包；孩子的鞋带松了，家长帮忙系好……父母的这些做法，在不知不觉中剥夺了孩子独立成长的机会，致使孩子处事能力低下，遇事退缩，依赖心理严重。更糟糕的是，这种“包办”的做法还有可能使孩子认为自己无能、愚蠢，导致孩子自信心不足。这对孩子反而是一种伤害。

孩子从依赖别人到独立生活，是成长的必经过程。学龄前让孩子觉得父母、家人可以信赖，是孩子获取安全感的基础，无可厚非。但是如果孩子对于大人的信赖演变成依赖，只依靠大人来做该由自己做的事情，或者是用来避开失败挫折，那么这种依赖就是负面的，也是不值得提倡的。

从孩子成长的角度来看，孩子需要一定的空间去成长，去试验自己的能力，去学会如何对付危险的局势。所以，真正明智的父母是不应该代替孩子做任何他自己能做的事。

孩子其实是喜欢自己做事的，尤其是男孩子，他们从小就喜欢说“我能”、“我自己来”之类的话。父母要顺应孩子的天性，让孩子大胆地去做自己感兴趣的事情。这不仅对于培养孩子的自理能力很重要，同时也可以培养孩子的意志力和责任意识，增加他们的基本生活常识和认知能力，使孩子通过自己的生活和行为不断吸取经验教训，真正地长大成人。

客观地来说，孩子对父母有依赖心理其实并不可怕。只要及时发现，正确引导，就可以消除这种不良现象。父母要做的，就是不要过多地管孩子，放手让孩了做力所能及的事情，给孩子创造自己动手实践的条件，遇到问题先让孩子自己去解决。同时，父母也要有耐心，对孩子采取多鼓励、少批评的态度，循序渐进地增强孩子的信心，逐渐提高孩子的实践能力。这样，孩子在一次次的成功体验中增强了自信心，就会不再依赖别人。

有句话说得好：罗马不是一天建成的。孩子的独立精神也不是可以一天养成的。每个家长都愿意自己的孩子果敢、坚毅，有很强的独立性，而不是胆怯，没有自信心，事事依赖别人。但是孩子的独立性不是天生的，而是需要后天的教育和引导。为了培养儿子的独立意识，家有男孩的父母们可以从日常生活中一些最基本的细节入手，逐步推进。在德国，男孩父母们就经常通过让儿子自己凭借工作换取零用钱、生活费的方式，锻炼儿子独立生活的能力。

约翰居住在法兰克福市有名的“富人区”，他有两个孩子：11岁的乔治和9岁的凯斯。虽然约翰非常有钱，经常做慈善事业，但是对于他的两个孩子，约翰却十分“吝啬”。他每个月只给孩子每人30欧元的零花钱。即便是这30欧元的零用钱，孩子也必须通过自己的辛勤劳动才能换得。按照约翰的规定，大儿子乔治每天负责为花园里的植物浇水、翻土，以及擦洗家里的汽车；二儿子凯斯则帮助父母清洗餐具、收拾房间、去商店购物，以及擦洗全家人的鞋子。除此之外，每年寒暑假的时候，两个孩子还不得不顶着炎炎烈日、冒着刺骨寒风，挨家挨户地送报纸，赚取自己买书籍、买玩具的费用。

在德国，无论出生在富裕家庭，还是普通家庭，很多孩子都会通过自己的劳动换取零花钱和生活费。特别是对于男孩，父母的要求会更加严格，充分体现了“儿要穷养”的理念。正是因为这样，德国孩子从小就养成了独立自主、不依赖别人的好习惯。他们从小就明白这个道理：天下没有免费的午餐。在生活中要想有所得，就必须付出自己的劳动。这样的教育方式虽然会让孩子辛苦一点，却可以从各方面锻炼孩子。不仅能够培养他们的独立性格，还能提高他们吃苦耐劳的精神，为将来的成功打下坚实的基础。

当然了，让孩子自己赚取零用钱只是手段，而不是目的。这样做的最终目标是要让孩子从小事做起，逐渐养成独立处理问题的能力，以便在成年之后能够真正担负起自己应有的社会和家庭责任。一个胸中毫无主见，对别人唯唯诺诺，遇事手足无措的男人，一定不会是个成功的男人。对于那些命中注定要在未来独自面对更多压力和挑战的男孩们来说，独立精神的缺乏将会大大制约他们的发展。因此，作为男孩父母的你，就需要从小培养儿子的独立精神，提高他们独立解决问题的能力。

第三节　独立解决问题

歌德曾经说过：“独立思考是天才的基本特征。”自古成功在尝试。只要孩子敢于独立思考，就说明他具有不拘泥于现有的知识框架，勇于突破的基本素质。在当今这个普遍强调创新，又缺乏创新的社会，这是一种十分可贵的品质。家长一定要保护好这种苗头，并且尽力使之发挥出更大的效力。

一提起独立思考，大多数人或许会这样认为：“独立思考应该是科学家必不可少的基本能力。”话虽如此，独立思考能力的获得也并非高不可攀。其实，孩子对老师讲的知识有不同意见，对书上的习题提出不同的解法，都是独立思考的一种表现。所以，家长要注意启发男孩在学习和生活中敢于进行独立思考，善于进行独立思考的意识，让男孩逐步养成独立思考的良好习惯。人们常说，男孩的脑袋里装着“十万个为什么”，所以他们经常会提出一些稀奇古怪的问题。这其实恰恰说明了男孩的求知欲强烈，具有独立思考的能力。在这个时候，家长不要直接告诉他们答案，而是要鼓励他们自己去动脑筋，家长可以从旁协助，与他们共同找到答案。这样做会让男孩在不知不觉中养成独立思考的好习惯。

日常生活中，常常可以听到许多家长抱怨自己的孩子不爱动脑筋，懒得思考。不知道各位家长有没有认真反思过，在孩子成长的过程中，自己是否给他们思考的机会了？如果答案是否定的，那么家长就应该仔细审视一下自己的教育方法了。

德国物理学家海森堡曾经说过：“独立思考和独创判断的一般能力应当始终被放在首位。”在海森堡的童年时代，他的父亲就始终注意对于海森堡的独立思考能力的培养。这在某种意义上也促成了海森堡日后的辉煌。

海森堡是德国著名的物理学家，并于1932年获得诺贝尔物理奖，成为继爱因斯坦和波尔之后的世界级的伟大科学家。海森堡之所以能够取得如此巨大的成就，这和父母对他的教育有着密切的关系。

海森堡的爸爸非常注意培养海森堡的独立思考能力。在海森堡很小的时候，他便经常将自己打扮成外星人，并提出许多，诸如“为什么有白天和黑夜的区别？为什么会有气候和天气的变化？”之类稀奇古怪的问题。不仅如此，海森堡的爸爸还一点点地引导海森堡去独立思考，从而使海森堡在不知不觉中掌握了知识，锻炼了自己的独立思考能力。

有一个周末，海森堡的爸爸带着他去当时德国最大的博物馆参观。海森堡高兴得不得了，面对博物馆里各种各样的新鲜东西，他缠着爸爸问个不停：“爸爸，为什么那个望远镜要做那么大？”“爸爸，这个大恐龙怎么只有骨头？”“爸爸，这个花儿为什么有两种颜色？”……

面对海森堡的各种问题，爸爸并没有直接给出答案，而是对他说：“你自己想想，你觉得是为什么呢？”有时候海森堡还真的能自己找到答案，有时候却可能思索半天也不知所以然。这时，爸爸会先让海森堡自己阅读一些相关的书籍，然后针对海森堡没有理解的问题，采用通俗易懂的语言一步一步引导他理解其中的奥妙，直到明白了为止。

正是由于父亲的教育，海森堡才一点一点地养成了独立思考、独立学习的好习惯，从而对学习产生了极大的兴趣，最终成为世界知名的科学家。

一个男人是否具有独立思考的能力，决定了他未来是否可以取得工作、生活的成功。纵观中外成功人士，他们中的大多数人都具有相当强的独立思考、独立判断能力。相比之下，有些人已经不习惯独立思考，也不习惯别人独立思考，他们等于是把自己装在套子里。任何一个人，如果把自己局限在套子之中，无法打开自己的思路，敞开自己的心扉，势必会让自己走上失败的歧途。

第四节　自己决定

独立思考的能力难能可贵，每个人独立思考的水平也参差不齐，不过独立思考的能力却是可以通过后天养成而逐步获得的。作为男孩的父母，只有在生活上对孩子进行及时的教育和引导，循序渐进地培养孩子独立思考的能力，才能使儿子在思想上真正实现独立。

当然了，独立思考的能力多种多样。这其中最见功力、最具有难度的就是独立思考、决定自己命运的能力。对于所有成功男性来说，决定自己命运的能力优势绝对不可或缺。作为男孩的父母，你有必要帮助自己的儿子充分获得这种把命运牢牢抓在自己手里的能力。

丹尼是德国某小学四年级的学生。这个不到11岁的小男孩却不得不在自己即将毕业的时候，做出一个重大的决定。事情的起因是这样的。在德国，小孩子在初级学校毕业后面临着一个定向阶段。在这个阶段里，孩子要在普通中等学校、职业中等学校、艺术中等学校之间选择其一。在这些学校就读的最初两年，就是所谓的“定向阶段”。学生在这两年的定向期间就要确定自己未来的求学方向，以及是否继续在这所学校就读。也就是说，从定向阶段这个时候起，孩子就要开始自己决定自己的前途。

值得一提的是，德国拥有一套互相沟通、互相衔接的教育体系。职业中等学校或艺术中等学校的学生，如果其智力水平和成绩能够达到标准的话，在定向阶段未结束前，也可以转入到普通中等学校就读。普通中等学校的学生如果就读期间兴趣发生转变，在定向阶段之内也可以转入职业中等学校或艺术中等学校的高年级就读。这种教育方式可以很好地顾及学生自己的才能和兴趣，充分尊重了学生自己的选择权，也提高了学生的个人独创精神。

按照丹尼的智力水平和思维能力，他完全可以选择普通中等学校（相当于中国的初中加普高）就读。他的父母也非常希望丹尼能够进入普通中等学校读书，将来考大学继续深造，不过在丹尼进行选择的时候，他们却并没有干预这件事情，而是让丹尼自己决定。

11岁的丹尼面对这个人生第一次的选择，考虑了一整天，终于向父母宣布自己的未来志向是开一家体育用品公司，所以他想接受的是职业中等学校的教育。尽管丹尼的选择和父母的希望有所差别，但是丹尼的爸爸、妈妈却仍然十分开心，因为他们欣慰地看到了儿子已经具有了比较强烈的自我意识和独立意识。

这之后，丹尼按照自己的选择，如愿进入了职业技术学校接受教育。凭着自己的努力，毕业后的丹尼很快就实现了自己当初的梦想，成为一家体育用品公司的老板。

在很多人的眼中，未来是一件相当严肃的事情。尤其是在中国，许多父母都将为孩子选择未来看作是自己此生重要的任务之一。为了孩子能有一个更好的未来。许多父母在孩子很小的时候，就开始对他们的人生进行规划。甚至有的父母，还将自己没有完成的心愿寄托在孩子身上，强迫孩子去做自己不愿意做的事情。很多父母片面地认为只要能为孩子提供一个无限光明的未来，就是对孩子最大的爱，殊不知这样做的后果只会给孩子带来无穷尽的负面影响。

相比之下，德国父母的做法却为许多中国家长的家庭教育模式提供了另外一种参照。面对11岁儿子的未来，父母不但没有插手其中的任何决断，还让孩子放手去对自己的未来勇敢地进行选择。有句话说得好："鞋子合适不合适，只有脚知道。"有些时候，人生的选择合适不合适，或许也只有当事者本人才能够知道。

第五节　个性的养成

喜剧大师卓别林有一部相当著名的电影叫《摩登时代》。在那部片子里，流水线上的工人被塑造成为与他们生产出来的产品一模一样的，缺乏独立思想，毫无个性的机器人。的确，在当今这个高度工业化、集约化的社会，人与人之间越来越明显地呈现出趋同化的趋势，大家穿同样的衣服、吃同样的食物、看同样的电影、听同样的音乐，个性已经越来越成为一种极其少见的"稀缺资源"。在这样的大背景之下，适度地拥有个性将使人更加富于独立意识和创新精神，在日益激烈的社会竞争中占据优势。作为男孩父母，更应该注意对儿子适度的个性养成和保护，为他们未来的成功打下良好的基础。

个性、独立意识和竞争能力是紧密相连的3个概念。通常来说，能够自立、自主、自律、自信，又有适度个性气质的人，其竞争意识和竞争能力往往都会强于他人。有鉴于此，父母应该从孩子的需要和兴趣出发，适度发展孩子的个性，让孩子不仅掌握广泛的科学知识，还要掌握几种特殊的才能和本领，形成具有独特色彩的人格气质，增强孩子的竞争能力。

任何事物都有一个限度，个性也是如此。拥有个性固然很好，但是如果一个男孩太具个性、太过自我，无论是在学业上，还是在生活上，势必会引起他人的反感和排斥。久而久之，便会让自己陷入被孤立的状态。对于这种个性意识、独立精神过于强烈的男孩，家长应该尽早对其进行疏通引导，把这种不良倾向扼杀在摇篮里，不要让它继续发展下去，到达不可收拾的地步。否则，便会严重影响男孩的身心发育，并由此导致恶性循环，最后使男孩走上偏离人生正常轨迹的道路而悔恨终生。

当今社会独生子女居多。家长们想尽办法要儿子过上优越的物质生活，为了儿子可以成才更是煞费苦心地给儿子请来各种家教辅导、购买各种教辅书籍，希望儿子有多艺压身，能够在竞争如此激烈的社会中脱颖而出，却常常忽视了对于儿子的某些基本处事技巧的养成。

比如有些时候，儿子学会了某项技能，家长会比儿子还要兴奋，拉着亲戚朋友一同欣赏，一同为儿子鼓掌加油。儿子学习上取得好成绩，恨不得通知所有人普天同庆，把儿子捧上了天。渐渐地，儿子也认为自己有点成绩就该被所有人祝贺，自己有点小进步就应该让所有人知道，让所有人羡慕。渐渐开始觉得自己可以凌驾于众多“庸才”之上，以个性、独立自居。殊不知，那些当着他的面吹捧他、恭贺他的人都是父母为了鼓励他和满足自己的虚荣心而特意找来的，诚心不诚心还有待考察。

这些父母可能还不清楚，他们的所作所为已经使儿子竖起了骄傲的尾巴，助长了儿子过分张扬的个性，泯灭了儿子谦虚的小火花，为今后儿子在与他人交往合作的道路上设下了绊脚石。在这里，个性的获得不但没有起到它应有的效果，反而走向了自己的反面。

作为家长应该知道，在当今竞争日益激烈的社会，让儿子在个性意识、独立精神方面得到适度发展，学会在群体中脱颖而出，无疑会为孩子成年之后踏入社会，适应社会生活打下良好的基础。因此，作为男孩父母必须帮助自己的儿子拥有适度的个性，在生活、学习上锻炼自己，在群体中表现、突出自己。但如果一味地鼓励孩子张扬个性，却也可能起到适得其反的效果。

其实无论孩子，还是大人，为了适应当今社会的现实生活，都必须既要懂得个性、独立，又要学会谦让、合群。缺乏个性意识、独立精神，个人就很难在严酷的社会竞争中发现和开辟出属于自己的那片天地；不懂得谦让和合群，“个性”就会变成“各色”，“独立”就会变成“自负”，最终只会引起别人的反感，阻碍自己成功的步伐。只有具备适度的个性、独立意识，又具有谦让、合群品质的人，才能在群体中、在未来的社会竞争中有效团结他人，开创美好的未来。作为男孩家长的重要责任就是要让男孩知道在什么时候应该保持个性、独立，在什么情况又应该谦让、合群，不让事情发展到极端。

1. 家长们亲身示范，做不过分张扬的父母

父母是孩子的第一任老师。在日常生活当中，父母的言行举止都会对孩子产生深远的影响。为了你的儿子，请家长们开始注意自己的言行。不要在饭桌、酒席间，亲朋交往中独揽谈话的大权，吹嘘自己的功绩，张扬自己的成功，更不要在儿子面前夸夸其谈自己的作为，而是要作个理智谦虚的父母，为儿子的成长树立正确的榜样。

2. 在日常生活中教育儿子，在和朋友同学相处中引导儿子

父母要让儿子清楚地认识到，每个人都有各自的优点和长处，不要只看到自己的优点，忽视别人的长处。过分自我，不顾及别人的感受。告诉儿子与别人的相处之道，有时候其实是可以隐藏自己的特长而去与他人交往的。这并不是虚伪、狡诈，而是通过尊重别人，取得他人的信任。在与人交往的过程中，最忌讳的就是以自己所长去看低或排挤别人而使自己陷入孤立。

河豚有剧毒，但是只要经过适当烹调，就是世间难得的珍馐美味；个性、独立可能会对人产生负面效果，但是只要稍加引导，就可以转化成为工作、生活中无穷的竞争力；其中的诀窍就在与“火候”的掌握。很多德国父母都是掌握“火候”的高手，例如下面这个案例。

德国小男孩布里吉特的爸爸是一位非常民主的父亲。平时在家的时候，布里吉特的爸爸总是给他一定的自由权利，让他大胆地说出自己的想法。有时候即便布里吉特说得不对，爸爸也不会因此批评他。

一个周末，爸爸带着布里吉特去参观一个书画展。在去之前，爸爸并没有告诉布里吉特书画展上的字画全部都是一个人的作品，只是告诉他要好好地参观。向来对美术感兴趣的布里吉特在仔细地看完每幅画之后，高兴地对爸爸说：“爸爸，这个画家画得真好！”

爸爸对此很纳闷，心想：“我根本没有告诉他，这孩子怎么知道这些全是一个人的作品呢？”百思不得其解的爸爸进一步追问布里吉特：“是吗？那你告诉爸爸究竟好在哪里？”

“颜色搭配得很好看。”布里吉特简单地说出了自己的理由。

爸爸听完布里吉特的解释，满意地笑了。虽然孩子说的理由并不完全正确，爸爸还是表扬他道：“孩子，你说得很对，以后要继续努力。

这些画不仅颜色搭配得很好看，在绘画手法上也很细腻，从中可以看出画家的功底很深。”

在日常生活中，注意培养孩子的独立个性是所有父母的共识，但是究竟应该如何来培养孩子的独立个性呢？很多父母对此却不知道应该如何下手。其实，要想培养孩子的独立个性，最好的办法就是从培养孩子的独立意识开始。不论是谁，只有具备了独立的意识，才可能在生活中彰显独立的个性，才能够更好地在社会上立足。

案例中布里吉特的父亲既没有因为自己的成见压制儿子对于画展极具个性化的评价，也没有为了迁就儿子，过分追捧他的观点，而是在坚持己见的基础之上，适当肯定和包容了儿子的个性看法。充分体现了在个性、独立与谦让、合群之间适当调和的智慧。

看到这里，也许有的父母会担心对于男孩独立意识养成的强调，有可能会激发孩子，特别是原本就不那么听话的男孩子的叛逆思想，加剧目前本已十分严重的代沟问题。的确，过度崇尚独立精神的人很可能会像歌德诗剧中的浮士德那样，对周围的一切产生强烈的叛逆思想，进而使自己的生活迷失在痛苦之中。但是在另一方面，叛逆精神又恰恰是独创性、创造力的最初源泉。世界上很多发明发现，恰恰是由时代的叛逆者做出的。哥白尼和他的日心说就是一个很好的例证。因此，男孩的叛逆精神其实并不可怕。只要加以适当的引导，把握好“火候”，强大的叛逆精神就可以转变成为工作、生活中取之不竭的动力源泉。

第六节　逆反其实不可怕

俗话说："半大小子，气死老子。"这话不假。特别是那些开始进入青春期的男孩子，他们的显著特点是"变"：生理上在变，身体逐渐发育了；心理上也在变，逐步实现从男孩到男人的转变。在种种逆反行为的背后，有一句潜台词，那就是"我要长大，我要脱离父母"。这对于男孩来说，其实未必是件坏事。

到了这个阶段，家长们往往会惊奇地发现，不知从什么时候起，孩子变得没有以前听话了，有什么事情宁可憋着也不跟父母说。有些原本就不怎么听话的"坏小子"更是变得明目张胆。你要东，他偏朝西；你要西，他偏朝东。有些"蔫坏"的孩子还会选择消极对抗，你说什么我都不反对，反正就是不听。不论是"软磨"，还是"硬泡"，总之，不少父母悲哀地发现，儿子总在和自己作对。比如男孩小雷从小就聪明伶俐，很听爸妈的话，是一个人见人爱的好孩子。可是近来，小雷变了，变得凡事总爱和父母顶嘴，自作主张，有时还偏要同父母唱反调。比如小学毕业后，父母为他选择了就近的一所重点中学作为报考志愿，他却偏偏挑选了一所离家较远的中学。小雷自己其实也不喜欢走远路，这么做完全是有意和父母唱反调。还有很多更气人的事情。小雷感冒了，父母为他买了感冒药，他却故意把药扔了。父母问小雷考试成绩，他明明及格了，却偏说不及格。有一天天气突然变冷，小雷的母亲特意到学校给他送衣服，小雷竟然当着同学们的面把衣服扔在教室的地上。小雷爸爸平时工作忙，一有机会就想跟他聊聊，他却把爸爸拒之于千里之外。

以上这些行为虽然往往把父母气得六神无主，却是男孩成长过程中的必然现象。孩子到了十一二岁的时候，不仅身体方面发生了很大的变化，自我意识也逐渐加强，独立意识开始萌生。获得独立意识的男孩感觉自己已经是个顶天立地的男人，自然而然就要通过与周围环境进行对抗的逆反行为，彰显作为独立自我的个性存在。

孩子逆反心理的产生，除了自身因素之外，很大的程度上其实还是被父母逼出来的。孩子如果过分逆反，那只能说明父母平时所做的或者所说的不能被他认同和接受。很多时候，逆反心理强的孩子，往往都是父母要求比较严格的孩子。

日常生活中如果稍加留心，就会发现凡是经常挨打的孩子大都是比较“犟”的。父母让他干什么，他偏偏不干，即便挨打挨骂也不会“屈服”，这便是逆反心态在起作用。从某种意义上来说，所谓孩子的逆反，其实也是家长在“逆反”。只要加以适当的引导和疏解，父母们就可以化被动为主动，将孩子的逆反心理转化为学习、生活中的强大动力。

如果孩子不愿意听从父母的建议，父母首先应该进行自我反思，看看是不是自己的沟通方式出现了问题。有时候，跟孩子对着干，大人其实也是讨不到便宜的。僵持下去的结果只有两个：一种是孩子“胜利”了，他因此掌握了制服父母的撒手锏，变得更加难管；另外一种是父母“胜利”了，但在孩子的大哭大闹中，就算是胜利也不会带来丝毫的喜悦，而且还会让孩子觉得，强势就是解决问题的唯一办法，因为父母比他强大，所以他要听父母的。

其实在教育孩子的问题上，很多时候父母也要讲究一些策略。如果硬把大道理灌输给孩子，只会让事态更加恶化，加剧孩子的逆反心理。相反，控制好“火候”，讲究一些处理技巧，反而可以起到事半功倍的效果。在这方面，家有男孩的你可以参考下面这对德国夫妇的做法。

施密特夫人的儿子舒尔茨是一名德国高中生。临近放暑假的时候，舒尔茨跟妈妈说想要把自己的头发染成黄色，再弄成一个嬉皮士式的造型。德国中学生染发和留怪异发型会被认为是一种非常出格的行为，也是学校明令禁止的。因此，施密特夫人很坚决地拒绝了儿子的要求。

但是暑假放了还没几天，和同学一起外出游玩的儿子突然就给正在公司上班的妈妈发了一条彩信："妈妈，看看我的新发型怎么样！"

收到这条短信，施密特夫人的火气一下子就冒了起来。这不是明摆着跟自己对着干吗。自己不让染他还非得染，不让他留那么古怪的发型还非得留，眼里还有没有自己这个妈妈了？火冒三丈的施密特夫人立即给丈夫打了个电话，要他命令儿子马上把头发染回来。施密特先生对于这件事的态度倒是比较冷静，详细了解了情况之后，不但耐心劝说妻子，还给她出了几个主意。听着丈夫的建议，施密特夫人也慢慢冷静了下来。冷静下来的她和丈夫在电话里商量好了对策。

夫妇俩一回家，果然看到舒尔茨顶着一头火红的头发，像个大公鸡一样，坐在客厅里看电视。夫妇两人故意装作不以为然，对儿子的头发视而不见，什么也没有说。儿子眼见自己的头发并没有引起父母的强烈反应，似乎与他想象中的大发雷霆不相符合，看上去不免有些失落。

吃过晚饭，施密特夫人走进儿子的房间。舒尔茨见到妈妈，眼里透出警惕的神色，似乎认定妈妈该给自己上"政治课"了。施密特夫人坐下来，对儿子说："我想跟你谈谈染发的事情。头发是你自己的，你可以把它染成任何你喜欢的颜色，虽然我和你爸爸都认为作为一名学生这样做不太得体，但都不能强制你。你现在大了，有些事情你应该自己做主，但是也要学会自己负责。如果学校因此而处罚你，你也要自己承担。暑假还很长，你也还有时间自己想想。"说完，施密特夫人就出去了。

这之后的整个暑假，夫妇两人都没再对儿子的染发事件施加任何压力。有时候，亲友们来拜访，看到舒尔茨的搞怪发型，都会说类似这样的话：“哎呀，好好的头发为什么要弄成这个样子？显得你整个人特没精神，看上去傻乎乎的。”“舒尔茨，为什么把你以前天生的金发染成这样的颜色的呀，可惜了！”……

在亲朋好友的议论之下，施密特夫人发现，儿子开始对着镜子重新端详起自己的头发来了。

其实，上面发生的一切都是夫妇两人想出来的主意。他们认为，如果直接反对儿子留搞怪发型，肯定会吵起来，不但于事无补，可能还会加剧双方的紧张关系，滋生别的事端。所以他们就想出了一个好主意。除了邀请亲友到家里“游说”舒尔茨之外，夫妇两人私下里还给儿子几个最要好的朋友打了电话，希望他们能给舒尔茨的做法提点好的建议，不要让他因为染发而遭到学校处罚。所以，儿子在跟朋友们聚会的时候，他的同学就都说他的新发型的效果并不好看。朋友们的影响显然要比父母的大得多，他们的不认同让舒尔茨觉得很没有成就感。逐渐的，舒尔茨发现周围不少人都觉得他染发后并不好看，自己对染发的态度也慢慢改变了。

眼看暑假将尽，马上就要开学了，施密特夫人又坐下来跟儿子谈心：“舒尔茨，大家都觉得你的新发型并不是很漂亮，你自己也已经尝试过了。为了不违反学校的规定，也为了让爸爸妈妈心里踏实一点，你在开学前将头发染回去，怎么样？当然，你不要急于下决定，好好考虑再说。”

开学前的一天，舒尔茨果然自己去将头发弄回了原来的样子。

看来，在“态势紧张”的情况下，恰当的沟通、引导也能起到“退一步海阔天空”的效果。

总之，孩子的逆反并非完全是坏事。实际上，叛逆中也有极其宝贵的品质，比如独立的眼光、独特的创造、鲜明的个性等等等。逆反心态的出现，恰恰说明了孩子独立意识的萌发，正在逐步走向成熟。只要加以适当的疏导，令男孩父母们头痛异常的逆反，就可以变成儿子不断追求自我发展的无穷动力。

每对父母都爱自己的孩子，都希望把孩子捧在手里，一辈子为他遮风挡雨，然而对于大多数人来说，这却是不可能做到的。身为男孩父母，你必须明白这个道理，男孩总有一天要离开曾经的家庭，独立生活，是不可能被永远攥在父母的手心里的。当你紧握双手的时候，里面其实什么也没有；当你打开双手的时候，世界就在你的手中。很多时候，我们紧紧握住自己的双手，以为把该要的东西抓住了。其实，那手心里握住的，不过是对孩子更深的伤害。与其如此，倒不如放开手，让那些伤害随风飘散，双手还可以接触到温暖的阳光。有些东西，需要放弃，才能轻松；有些爱也需要放手，才能被感受到。

多年以来，德国社会一直秉承着这样的教育理念：教育的目标应当是培养有独立行动和独立思考能力的个人。

在古代德国，孩子就是被当作独立的成人来对待的。经过近代教育观念的变革，放手让孩子挑战困难、培养他们自立自强的品格，依然是德国父母教育孩子的核心所在。因为德国父母始终坚信，替孩子做他们能做的事是对他们积极性的最大打击。鼓励孩子“自己的事情自己做”，不仅对培养孩子的独立性、自理能力很重要，同时也培养了孩子的责任感，让孩子对自己的言行举止更加负责。

对于那些在成年之后命中注定要承担更多社会、家庭责任的男孩子们来说，独立精神的养成一直是那些家有男孩的德国父母们家庭教育的重中之重。这种家庭教育和社会文化，不仅哺育出歌德那样具有强烈独立精神的世界级文豪，也培养出了一代又一代普通而又优秀的德国男性，从而支撑了这个国家和民族两百多年以来的发展奇迹。

第 7 章

学会相信自己

行走在德国的大街上，让人印象最深刻的就是洋溢在每个人脸上的自信表情。特别是那些高大威猛的德国男人，他们金发碧眼，目光清澈、坚毅，面孔棱角分明，四肢结实有力，走起路来腰杆笔直，脚步掷地有声，说话的语音流露出金属的质感。所有这一切，无时无刻不在提醒着异地的来访者，这是一个从头到脚充斥着自信与昂扬的民族。

时至今日，德国人虽然早以走出了挑战与机遇并存的条顿大森林，但是那种源自祖先的自信却依然陪伴、激励着他们。当他们自己面对生活的时候，他们告诉自己要自信，要微笑着面对生活；当他们的孩子面对生活的时候，他们同样告诉孩子要自信，把命运牢牢掌握在自己手中。

相比女性，男性在自己的一生中往往要面对更多的生存挑战。是否拥有足够的自信去面对一切，对于他们生活、工作的成功来说，将是至关重要的。有鉴于此，德国教育家赫尔巴特非常重视对于孩子自信气质的养成教育。在他看来，了解自我的自信男孩，明确知道自己的潜能所在，因而能够想象得到自己长大之后会成为什么样的人。他们将各种未知的挑战视为激动人心的挑战，勇敢地为自己争取一切。

缺乏自信的男孩与自信的男孩正好相反。因为对自己能取得什么样的成就感到悲观，他们往往不愿意面对自己那些消极的想法，避谈失败、拒绝变化，要么声称自己什么都知道，要么就声称自己根本没有知道的必要。这些行为说到底，其实都是不自信的人在潜意识中的自我保护策略。不自信的男孩采取这些策略，来回避那些原本可以激励他们继续前进的挑战。他们对生活所采取的回避态度，不过是不想对自己的成败负责人而已。相当多的男孩缺乏自信，并因此主动放弃了寻求任何成功的努力，一生默默无闻，埋没了原本可以大放光彩的才华。

向来崇尚阳光乐观的德国社会非常重视对于孩子，特别是男孩自信气质的养成。某些激进的教育学家甚至这样认为：一个只具有很少自然科学知识，但是身体健康强壮、乐观自信，充满挑战力和控制力的强壮男人，要远远比一个体质虚弱、苍白贫血的学者有用得多。直到今天，德国教育部门仍然特别重视对于学生自信心的养成教育。除了课堂上的言传身教之外，还会定期组织学生参加各种野营拉练，以及其他各种社会实践活动。让他们在生活中实际检验自己的能力，逐步增强自信心。

德国社会对于自信教育的重视催生了多数德国人发自内心的自信气质，数学家高斯则是这其中最杰出的代表。

第一节　高斯和“正17边形”

卡尔·弗里德里希·高斯是德国著名数学家。高斯的母亲名叫罗捷雅，是一个贫穷石匠的女儿，虽然十分聪明，但却没有接受过正规教育，基本属于文盲。在她成为高斯父亲的妻子之前，从事的是女佣工作。高斯的父亲曾做过园丁、工头、商人的助手和一家小保险公司的评估师。

在成长过程中，童年时代的高斯主要得益于自己的母亲和舅舅。高斯的舅舅弗利德里希富有智慧，为人热情又聪明能干，在纺织贸易领域颇有成就。他发现姐姐的儿子聪明伶俐，就把自己的一部分精力花在这位小天才身上，用生动活泼的方式开发高斯的智力，不断鼓励他用头脑和双手改变自己的生活的决心。若干年后，功成名就的高斯回想起舅舅为他所做的一切，依然感动不已。正是由于弗里德里希慧眼识英才，经常劝导姐夫让孩子向学者方面发展，才使得高斯没有成为园丁或者泥瓦匠。

在数学史上，很少有人能够像高斯那样很幸运地拥有一位鼎力支持他成才的母亲。由于家境贫困，罗捷雅直到34岁才出嫁，生下高斯时已经35岁了。她性格坚强、聪明贤惠、富有幽默感。当丈夫因为他眼中的所谓“愚蠢行为”训斥高斯的时候。罗捷雅总是站在高斯一边，坚决反对顽固的丈夫想把儿子变成和自己一样的庸人的打算。自从儿子两三岁的时候显露才华的那一刻开始，罗捷雅就对儿子的未来充满信心。母亲的乐观自信深深影响了童年时代的高斯，塑造了他敢于坚持自己的想法，时刻充满信心的坚定性格。

后来的全部事实证明，罗捷雅的判断是正确的。1795年，高斯进入德国著名的哥廷根大学学习，得以真正施展自己的才华。 1799年，22岁的高斯被哥廷根大学授予博士学位。1804年，又被推选为英国皇家学会会员。从1807年到1855年逝世，他还一直担任大学教授兼哥廷根天文台长。

被誉为“数学王子”的高斯一生为人们留下了很多叹为观止的奇迹，例如11岁时就发现了“二项式定理”，17岁时发明了“二次互反律”，18岁时发明了正十七边形的尺规作图法，解决了两千多年来悬而未决的难题等等。公允地说，高斯之所以能够取得如此之多的辉煌成就，和他与生俱来的过人天资是密不可分的。但是与此同时，童年时代在母亲、舅舅的影响、感染之下形成的对于自身能力的坚定自信，也是成就高斯奇迹的重要原因。时至今日，德国父母依然在用高斯和他的正17边形的故事教育自己的孩子，要时刻对自己的人生充满信心，敢于坚持自己的想法：

两百多年以前，在德国的哥廷根大学，有一个十分有天赋的年轻人。为了进一步开发他的潜能，每天上完课老师都会单独给他布置几道数学题。

一天，这位青年像往常一样，吃完晚饭就开始做老师留给他的额外三道数学题。前两道题在两个小时之内就顺利地完成了，然而第三道题却让这位年轻人皱起了眉头。只见这道题单独写在一张小纸条上，要求他用圆规和一把没有刻度的直尺，画出一个正17边形。

年轻人绞尽脑汁想了很久，将自己所学的全部数学知识都用了出来，但却毫无帮助。时间一分一秒地过去了，这道题仍然毫无进展。面对这样的困难，年轻人并没有放弃，反而被激起更大的斗志和信心。“我一定要把它做出来。”年轻人对自己说道。

于是，他拿起圆规和直尺，一边思索一边在纸上画着，尝试着用一些超常规的思路去寻求答案。时间在不知不觉中流逝，当窗口露出曙光的时候，年轻人终于完成了这道题，他深深地舒了一口气。

这天下课后，他来到了老师的办公室中，非常自责地说道：“您给我布置的第三道题，我竟然做了整整一个通宵，我辜负了您对我的栽培。”

老师接过学生的作业一看，立即惊呆了。“这是你自己做出来的吗？”老师用颤抖的声音问道。

看到老师激动的样子，年轻人非常疑惑，回答道：“是我自己做出来的，但是我花了整整一个晚上。”

老师让他坐在桌子前，然后拿出圆规、直尺和一张纸，让他当着自己的面再做一个正17边形。很快，年轻人就做出了一个一模一样的正17边形。

看到这一切，老师激动地说："你知不知道，你解开了一个两千多年都没解开的数学难题啊！阿基米德没有解出来，牛顿也没有解出来，而你居然只用了一个晚上的时间就解答出来了。你是个真正的天才！"面对激动地老师，年轻人只是有礼貌地微笑了一下："这没有什么，别人做不出来的题目，我不一定就也做不出来。"

几天之后，年轻人才知道了整个事情的来龙去脉。原来这位老师也一直想解开这道难题，那天他因为失误，才将写有这道题目的纸条给了学生。

后来，这位年轻人成为著名的数学家，他就是被人们称为"数学王子"的高斯。

很多年以后，每当高斯回忆起这件事情，总会对朋友们说："不管那道题目在别人眼中有多难，我那时候就是相信自己一定可以把它解出来，所以我做到了。"

"不管那道题目在别人眼中有多难，我那时候就是相信自己一定可以把它解出来，所以我做到了。"高斯这样想了，也这样做了，所他成功了。在这个世界上，天资聪颖的人其实并不在少数，多数人缺少的其实只是相信自己一定可以取得成就、实现梦想的那份自信。高斯同时具备了这两个条件，因此实现了人生的辉煌。

第二节　两个小男孩的故事

高斯的成就让世人瞩目，令我们这些普通人觉得高山仰止、遥不可及。其实在很多时候，高度的自信也可以体现在最平凡的日常生活之中，它们同样值得大家尊重和学习。在德国的报纸上，就曾经刊载过这样两则小故事。

有一个德国小男孩，头戴球帽，手拿球棒和棒球，全副武装地来到自己家的后院，大声地喊道："我是世界上最伟大的棒球手！"等他满怀信心地说完之后，便将球抛向高空，然后用力地挥动手中的球棒，但是他并没有击中。即便是这样，男孩也毫不气馁，将球拾起来，往空中一扔，继续喊道："我是最厉害的棒球选手！"然后他再次挥棒，却仍然落空了。他只是愣了片刻，就仔仔细细地将球和球棒检查了一下，然后又反复地试了几次。每次尝试的时候，他仍然会告诉自己："我是最杰出的棒球手！"然而接下来的几次尝试还是落空了。就在此时，原本应该沮丧万分的小男孩出其不意地跳了起来："哇！我发现了，我真是一流的投手！"

另一个故事是这样的。

弗兰克出生在一个普通的德国人家庭中，从小的家庭教育就培养出了他高度自信的性格。弗兰克所在的学校经常有人来做演讲，每次演讲完做总结的时候，他总是第一个大胆地站起来提问。不论他的问题幼稚与否、尖锐与否，弗兰克总是充满好奇地脱口而出。其他孩子则是胆怯得不敢开口。

每次回到家里，弗兰克都会向父母汇报在学校发生的事情。父亲每次听完他的汇报之后，总是鼓励儿子：“好孩子，你有这样的自信，我很为你感到骄傲。你将来一定会成为一个出色的辩论家！”

在父亲的鼓励下，弗兰克对自己的口才充满了信心。上中学的时候，弗兰克就参加了学校的辩论俱乐部。每次演讲的时候，弗兰克从来都不会怯场。因为每次出场之前，他都会告诉自己“我是最好的”。虽然弗兰克在演讲上还有一定的欠缺，但他毫不胆怯，总是一有机会就上台滔滔不绝地表达自己的观点。

若干年之后，弗兰克真的成为一位著名的辩论家。

信心是什么？信心是一种力量，它是生命的源泉，是支持人们生活、促使人们奋斗、推动人们进步的精神力量。人有了自信，就能创造出一个又一个的奇迹。

在生活的道路上，每个人都会像故事里的小男孩一样遇到困难，或者像弗兰克身边的孩子那样，缺乏表达自己思想的胆量。这个时候，如果没有自信，不能让自己坚持下来，最终的结果只能是陷入失败的泥潭，不能自拔。如果对自己充满信心，则一定能成为一个“出色的棒球手”，准确地接住命运抛来的球。

德国人有句格言：“喷泉的高度不会超过它的源头，一个人的成就不会超过他的信念。”很多时候，真正的困难其实并不是困难本身，而是我们在困难面前缺乏自信。面对困难的时候，如果心中充满畏惧，那么就永远无法战胜困难。相反，如果能坦然面对，充满必胜的信心，就会得到意外的收获。

汉斯是德国一个体育学院的学生。原来在中学读书的时候，汉斯就是一名出色的撑竿跳运动员。每次学校举行运动会，汉斯的撑竿跳都会取得最棒的成绩。

自从进入体育学院以来，汉斯依然保持了他的良好状态，每次比赛都能拿到第一名。更加难能可贵的是，汉斯每次取得的成绩都会比上一次高。他在体育学院保持的纪录，一直没能被别人打破。

一次运动会结束之后，汉斯不负众望地再次跳出了好成绩。当他从领奖台上走下来的时候，一位同学问他："你的成功秘诀是什么？为什么每次都能取得如此好的成绩？"

汉斯微笑着说："其实很简单，每次撑竿跳之前，我都会先让自己的意念跳过横杆。"

"先让自己的意念跳过横杆？"那位同学不解地望着他说。

看着同学疑惑的神情，汉斯又微笑着补充道："以前的时候，我也经常尝试新的高度，但每次都会失败。对此，我十分苦恼和沮丧，甚至开始怀疑自己的能力。直到有一天，我来到操场上，试了一两次就禁不住灰心丧气，觉得自己实在是跳不过去。对此，教练不但没生气，而是仔细询问我内心的想法是怎么回事。我只好如实告诉教练，我只要踏上起跳线，一看到那根高悬的横杆就觉得害怕。听到这里，教练突然呵斥我说：'你现在要做的是闭上眼睛，先让你的意念从标杆上跳过去！'教练的呵斥让我如梦初醒。之后我按照教练的吩咐，一次次顺利地跳了过去。"

同学们不禁为汉斯这种独特跳法感到钦佩。

障碍不仅仅存在于人生的道路上，更多的时候往往是存在于人的内心深处。人生道路上的障碍我们能够看得见，而内心深处的障碍却是无影无踪的。任何一个人，如果无法突破内心的心灵障碍，就永远无法超越自己。在面对困难的时候，如果信念首先屈服了，没有必胜的把握和信心了，那么最终的结果就一定是失败。相反，如果能够打退心中的恐惧，保持必胜的信心，就一定能取得最后的成功。

第三节　自卑的毒瘤

当今社会的竞争越来越激烈，人与人之间的竞争除了智能、技能的较量之外，更多的还是精神、信心方面的竞争，甚至在很多时候，后者要比前者更加重要。作为承受更多竞争压力的男性，如果在信心方面存在“短板”，产生自卑心理，那对于他在工作、生活方面的成功显然是致命的。

男孩的自尊心都很强，所以一遇到困难，就容易产生自卑的心理。自卑的人总感觉处处不如别人，自己看不起自己，类似“我不行”、“我没希望”、“我会失败”之类的话总是挂在嘴边。自卑的人往往自尊心极强，自卑与自尊经常会发生冲突，这种冲突会造成极其浮躁的心理，很容易和别人起冲突。例如下面这个真实的案例。

刘鸣今年已经上四年级了，他总是不合群，喜欢一个人待着，沉默寡言，情绪不稳定。一点小事都能让他烦躁起来，动不动就谁都不理，和同学的关系十分紧张。

有一次课间的时候，一个同学走到刘鸣桌旁，拿起他的铅笔盒看。刘鸣马上皱着眉头说：“放下！”

同学听了他冷冷的语气，心里很不舒服，不客气地斜了他一眼说：

“破铅笔盒，有什么了不起的！”

刘鸣马上火冒三丈，喊道：“你那才是破铅笔盒呢！”一拳就把同学的鼻子打流血了。

老师赶来了解情况。刘鸣仍然愤愤不平地说：“他活该！他欠揍！谁让他说我那是破铅笔盒的！打死他都活该！”

放学的时候，老师把发生的事情告诉了刘鸣的妈妈。妈妈一路走，一路批评刘鸣说：“和同学好好玩，一点小事用得着打架吗？”刘鸣回答：“怎么玩呀，人家根本看不起我！说我的铅笔盒破就是欺负我。妈妈你还批评我。人家都有新的文具，就我用旧的，你给我买新的不就不被同学笑话了吗？”妈妈看着儿子，不知道该怎么说。

刘鸣的这种行为就是一种自卑的表现。孩子之所以会自卑，除了家庭条件的影响之外，最为关键的还是其他人对自己的态度。尤其是父母的态度，对孩子的心理影响最大。如果父母总是打击孩子、不相信孩子，孩子就会没有自信，变得自卑。大多数父母总是对孩子说“你怎么这么笨？”“这都是你不听话的后果，活该！”“你怎么这么不争气？”“你真给我丢脸”“我怎么有你这么个儿子”“我再也不想见你到了”“要你这个笨蛋有什么用”“再考这么点分，你就别回家了！”之类的话，这些话会像箭一样刺伤孩子的内心。有的家长甚至还会对孩子拳脚相向。这样的做法大大地加剧了男孩失败的情感体验，沉重地打击了男孩的成就欲。慢慢地，男孩就会变得越来越自卑。

造成孩子自卑的原因有很多，比如因为自己的相貌、身材、肤色等原因而导致的自卑。有些男孩看到别的同学学习好，人缘好，也会因此而自卑。有的孩子还会因为父母与教师的负面评价而自卑。

不管因为什么原因而导致的自卑，解铃还须系铃人，要想让孩子自信起来，不再自卑，最好的办法就是父母的爱与鼓励。只要父母耐心地对孩子进行引导，多鼓励孩子，让孩子感受到父母的爱，也让孩子在内心深处感受到自己是有能力完成力所能及的事情的，就可以帮助孩子及早走出自卑的阴影。在这方面，家有男孩的你可以参考下面这位德国父亲的做法。

每一个见到梅策尔德的人，都会夸赞他很自信、很阳光。其实梅策尔德也曾经非常自卑，别人只要说他一句，他就认为是讽刺他的话，从而和别人吵起来，甚至会大打出手。

现在的梅策尔德之所以能够变得这么自信，与父亲的鼓励和关爱是分不开的。梅策尔德每次犯错误，爸爸都不会批评和训斥他，而是给他讲道理，来保护孩子的自信。

有一次，老师打电话把梅策尔德的爸爸请到了学校。原来梅策尔德由于认为同学们嘲笑他学习不好，就写小纸条骂了同学。同学把字条交给了老师。回到家后，爸爸并没有责骂梅策尔德，就像根本没有这回事一样。看到爸爸的反应，梅策尔德反倒有点沉不住气了：“爸爸，老师是不是找过你了？”爸爸正在看电视，只是“啊”了一声。“我还以为你会骂我打我呢。”爸爸回答道：“你是不是觉得好玩才这么做？”梅策尔德点了点头。

父亲对梅策尔德说：“骂人是不对的，不过只要改正了就好，以后不再犯这样的错误就可以了。要想让别人尊重你，关键是要自己努力。自己有实力，别人就不会嘲笑你了。骂人解决不了问题，只能让别人更瞧不起你。另外，你写的纸条上的错别字太多了，要好好学习，不然连人都骂不好。”说着，爸爸从兜里掏出梅策尔德写的纸条，逐字逐句地帮助梅策尔德纠正错别字，以及不通顺的句子。

在爸爸的鼓励下，梅策尔德学习很努力，慢慢地摆脱了自卑的阴影，和同学们的关系也越来越好。

案例中梅策尔德的爸爸之所以这样做，是不想让孩子觉得这个世界上所有的人都不喜欢自己，避免孩子产生自卑感和逆反心理，最终破罐破摔。正是他的这种教育方式，造就了一个自信的梅策尔德。

这是一个多么聪明的爸爸！在孩子没有对自己形成特别的客观认识之前，他就巧妙地避免了负面评价对孩子造成的不利影响，维护了孩子的自尊心。

第五节　别让信心倒下

德国教育学家伯姆曾经说过："信心是男孩成功的催化剂，会使男孩一步步地迈向人生的顶峰。"男孩有理想、有追求，对未来充满信心，是走向成功的前提条件。自卑则会成为男孩发展的重大障碍，甚至毁掉他的一生。身为男孩父母，你有责任保护好儿子的自信心，别让他的信心倒下。

20世纪20年代初期，卡尔·阿尔布莱希特和泰欧·阿尔布莱希特相继出生在德国埃森市郊的一个小镇上。兄弟二人从小就过着异常艰苦贫穷的生活，父亲因在煤矿工作染上了肺病，在他们出生不久之后就去世了，只留下母子三人。为了支撑家里的生活，母亲只好在市郊矿工生活区开办了一家食品小店，借此补贴家用。

困窘的生活状况迫使兄弟二人早早地结束了学业，踏上了独立谋生的道路。卡尔在一家美食店找到了工作，泰欧则留在家中帮助母亲打理店铺。尽管家中非常贫穷，但是兄弟二人从未对此丧失信心。他们深信，只要通过自己的努力，就能赢得更多的财富，彻底改变自己的生活。

然而，就在他们家庭生活刚有起色的时候，第二次世界大战爆发了，原本平静的生活被这突如其来的战火搅乱了。这种情况一直持续到战争结束。当时的德国百业凋零，兄弟二人又不得不四处奔波求职，却屡屡碰壁。不久，母亲也因病去世了，兄弟二人就接管了母亲留下来的那个小食品店。但是，这个小食品店不但地方狭小，也没有经过修缮，十分简陋，只能卖一些饮料、罐头等本小利薄的商品，生意十分惨淡，只够勉强维持生活。

不过，兄弟二人毫不气馁，依然对未来充满了信心。后来因为一个偶然的机会，他们的经营状况发生了转折。

一天，兄弟二人路过当地的一家商店，突然发现进出购物的人流络绎不绝。出于好奇心理，兄弟二人上前看了看，结果意外地看到了这家商店的促销广告，只见上面写着：购物时附赠优惠券，年底凭优惠券可按原累计购物金额的3%免费领取等值商品。顿时，兄弟二人终于明白了这里客人多的原因是人们冲着年底的赠物而来。

卡尔和泰欧由此得到了启发。回家之后，两个人进行了仔细的研究和调查，终于找到一个更为稳妥的即时让利的对策。拿出方案的第二天，他们就向小镇上的人们宣布，凡店内出售的商品在当地最低价格的基础上再减价3%，并且承诺如达不到上述价格水平，可向商店索回差价，并向提供情况的顾客颁发奖金。

从此以后，店中的客人不断增多，每天的营业额增加了好几成。兄弟两人的生意也越做越大，后来发展成为德国最庞大的零售连锁企业，他们的营销理念也不断被世界各地的人们提及和模仿。

一贫如洗的阿尔布莱希特兄弟面对惨淡的人生，不但没有放弃希望，反而一直对未来充满信心。也正是由于这种信心，让他们告别了贫穷，成为大富翁。

也许有人会问："自信究竟是什么呢？"自信是上天赋予每个人的一笔财富，只不过它是一笔隐性财富，只有聪明的人才能看到这笔财富，然后抓住它，将它变成实实在在的现实财富。

如果说自信是一笔财富，家有男孩的父母们又应该如何帮助自己的儿子走出自卑阴影，把这笔财富牢牢地抓在自己手中呢？教育学、心理学的研究充分说明，自卑心理可以通过恰当的干预手段得到根本的清除，适当的教育手段可以有效提升男孩的自信心，帮助他们有效避免自卑情绪带来的负面影响，变得乐观自信。在这方面，德国前总理科尔就是一个很成功的经典范例。

德国前总理科尔小时候是一个内向的孩子，无论是说话还是做事，都比别的孩子慢一拍。因此，很多小伙伴就给他起了个"笨虫"的称号。他为此感到很自卑，还经常向父亲哭诉道："我笨吗？我什么事情都做不好吗？"

每当科尔问起这个问题的时候，他的父亲总是大声地告诉儿子："昂起头来，别的孩子能做好的事情，你也一定能做好。我一直都是这么认为的，你也要对自己有信心。"

有一次，父亲会带着科尔去看海。当他们看到海滩上有一群正在争食的鸟儿的时候，父亲语重心长地对科尔说道："孩子，你看到那些在海滩上争食的鸟儿了吗？每当海浪袭来的时候，小灰雀总能迅速地离开，而海鸥却总是显得非常笨拙，因为觉得海浪根本就奈何不了它们。

所以，真正能飞越大海的是海鸥，而不是灵巧的小灰雀。”

年幼的科尔虽然不甚明白父亲的话，却从父亲那里获得了不少的信心和鼓励。此后，他开始尝试着去做以前没有做过的事情。

渐渐的，科尔也开始勇敢地在课堂上站起来回答问题，表述自己的见解。每天晚上一回到家，科尔总会跑到父亲跟前，汇报自己一天在学校里的所有努力。每当听完科尔的汇报之后，父亲总是夸奖道：“太棒了，孩子，你怎么做得这么好！”父亲的每一次鼓励，都为科尔带来了极大的信心。他积极向上，努力拼搏，以至于后来一步步地成长为德国的总理。

每当科尔回忆往事的时候，他总是深有感触地说道：“对于一个人来说，自信心是成就一生的关键。父亲的表扬给了我极大的自信。每当父亲肯定我的时候，我总是感到十分美妙，然后激励我不断地前进。”

自信心是一种来自于内心深处最强大的力量，它能使人不断超越自己。任何一个人，只要具备了这种力量，就会产生一种毫不畏惧、战无不胜的感觉。就会像科尔那样，在强烈自信的感召之下，不断挑战自己，尽力去做以前不敢做的事情。

总之，自信是成就人一生的不菲财富。每个人的人生道路都会或多或少地遇到一些困难，只有产生了足够的自信心，才能点燃自己的斗志，跨越失败和挫折，摘取胜利的果实。

第六节　信心就是财富

马库斯是德国汽车行业最著名的销售人员。他出生在德国一个偏远的小镇上，家中生活十分贫穷。在马库斯很小的时候，就不得不上街以擦皮鞋来补贴家用，最后连高中都没读完就辍学回家了。

离开学校之后，马库斯找到了一份推销汽车的工作。然而在最初的一段时间里，马库斯没有推销出去一辆汽车。他为此十分苦闷，回到家中之后，就把这件事情告诉了父亲。孰料父亲不但没有鼓励他，反而说他根本不可能成才。父亲的无情打击一度让他失去自信。在以后的工作中，他甚至变得结结巴巴的，更不用说将汽车推销出去了。

幸运的是，马库斯还有一位伟大的母亲。她常常告诉马库斯："你应该去证明给你爸爸看，你应该向所有人证明，你能够成为一个了不起的人。孩子，你要相信，机会对于每个人都是一样的。你不能消沉、不能气馁！"母亲的鼓励重新坚定了马库斯的信心，燃起了他渴望获得成功的欲望。自此之后，马库斯变成了一个极有自信的人。

在以后的工作日中，尽管仍然有失败，但是马库斯再也不因此而感到气馁、灰心了。他每天都会告诉自己："我是最棒的推销员！"

两年之后，马库斯一步步成长为德国汽车行业中最著名的销售人员。他创造了空前的销售纪录，平均每天可以卖出6辆汽车。不仅为公司创造了巨大的利润，马库斯自己也因此获得了巨额的收入。后来，人们称他为"能向任何人推销出任何商品"的传奇式推销员。

一个不被看好、将要走投无路的年轻人，竟然因为母亲的一句话而改变了自己的命运。这其中的奥妙在于，母亲的话重新点燃了马库斯对工作、对生活的信心，因而使他相信自己同样可以成为一个了不起的人。

在学习、工作中，每个人都会遇到各种不同的困难。如果因此认定自己是一个没有能力的人，就很容易逐渐消沉下去，永远也不可能把自己的理想变成现实。只有坚定自己的信心，肯定自己的价值，才能创造属于自己的奇迹。

身为男孩父母，你有必要向马库斯的母亲学习，在儿子的自信心养成方面多下功夫，为他在将来参与社会竞争加油、鼓劲。

自信可以克服万难，化渺小为伟大。康德曾经说过：只有满怀信心的人，才能在任何地方都自信，沉浸在自己的生活中，并实现自己的意志。一个人如果失去了信心，就容易被颓废和绝望的情绪所闲扰，甚至会毁掉自己的一生。信心对于男孩有着十分重要的影响。

在生活中，拥有自信的男孩总是以乐观、积极的态度对待生活中的一切；相反，没有自信的男孩，总觉得自己不如别人，做什么事情都畏首畏尾，总是退缩。可见自信是男孩快乐成长、走向成功的必备条件。

自信是男性成功的第一秘诀。信心是男孩成功的催化剂，会使男孩一步步跨入成功。男孩有理想和追求，对未来充满信心，充满希望，是走向成功的开始。每位父母都要注重对男孩自信心的培养，促进男孩的健康成长。然而，自信心的培养却并非易事，家长要特别注意对男孩自信心的保护和激励。那么，父母如何才能培养男孩超强的信心呢?

1. 要鼓励和赞扬

当儿子正在做没有太大把握的事情的时候，家长不妨对他说："我相信你能行的。"当儿子获得成功，哪怕是很小的成功的时候，家长也应该及时地加以鼓励，使他信心倍增。

在肯定孩子的同时也要允许他犯错。事实上，小孩犯错是不可避免的。对于孩子的错误，家长要做的是赞扬他敢于尝试的勇气，让他从犯错误的痛苦中走出来。

2. 帮助自卑的男孩子找闪光点

男孩在小的时候都会有这样一个毛病，就是喜欢把眼光放在别人的优点上，同时又总是盯着自己的缺点不放，因此很容易产生自卑的心理。为了帮助自卑的男孩找回自信，家长要想办法让他认识到自己的优点和长处，使他看到希望，相信自己的能力，保护他的自信心。

3. 让他从成功中找到自信

培养自信心还有一个好方法，就是让男孩通过不断地获得成功的来体验自信。

4. 要尊重孩子

自尊和被人尊重是产生自信心的第一动力。孩子不是家长的附属物和私有财产，而是独立的人。只有尊重孩子，才能使他产生自尊，进而使孩子产生向上的内部动力，得以发展。尊重孩子的人格是不分场所的，家长不能用贬义词，例如："你没出息"、"我对你完全失望了"、"你把我的脸都丢光了"等等，重伤孩子的自尊，更不能为了自己的尊严去伤害孩子的自尊。

5. 培养孩子的特长

千金在屋，不如一技在身。每个孩子都会存在天赋的差异，家长可以根据具体情况，适当培养孩子的特长，让他们在竞争中获得更多的优势和自信。

总之，要想让孩子摆脱自卑心理，家长要两手抓，而且两手都要硬：

一手是要树立孩子的信心，鼓励孩子，给孩子正面评价，让他从自己的实力中得到真正的自信。家长要善于发现孩子的优势，及时肯定，使孩子认识到自己的优势，从而树立信心。

当然，另外一手也少不了。在鼓励之后，家长要尽量帮助孩子解决实际困难。如果家长认为只是小问题而没有给予孩子实际的帮助，孩子就会认为家长根本不理解自己，或者认为自己严重缺乏解决问题的能力。因为在他们看来，家长看来根本不是问题的问题，自己都无法解决，那自己简直是太无能了，从而会导致孩子更加自卑。

正如本书前面已经介绍过的那样，德国的教育方式和理念具有温和、理性、前瞻性和潜移默化的特点。这与德国人的民族性格存在着密切的联系。德国人的理智和润物细无声的沟通方式决定了他们普遍拒绝“填鸭教育”，而是更多地选择让孩子在不知不觉中学到新知识。在培养孩子自信心方面，明智的德国父母就是借助生活中的点滴细节，两手抓，两手都要硬，在潜移默化中逐渐增强孩子的自信的，比如下面这位德国母亲所做的那样。

一个阳光很好的周末，德国主妇汉娜带着三个孩子来到美丽的湖边进行野餐。她把一切都布置好了之后，就命令三个孩子去搜集干柴。孩子们在搜集干柴的时候发现湖畔的那几棵无花果树中有一棵已经枯死，不仅树皮脱落，树干也不再呈现暗青色的湿润颜色，而是完全枯黄了。于是，他们很轻易地就从这棵无花果树上面折了一些干柴。

回到汉娜身边之后，最小的儿子斯蒂恩对妈妈说：“妈妈，那棵树既然已经死了，我们干脆就把它砍了，再补种一棵吧。我们都会来帮忙的。”听到弟弟的提议，两个大点的孩子也表示同意。没曾想，汉娜却阻止了孩子们的想法。她说：“孩子们，也许它现在枯死了，但是冬天过后，谁又能保证它不会再次萌芽抽枝呢？也许这只是一个假象，这棵树或许正在养精蓄锐呢！孩子们，你们一定要记住，冬天不要砍树，因为冬天过后，春天到来，往往就会有很多奇迹出现。”

孩子们听了妈妈的话，每个周末都会去湖边看看那棵树。就这样到了第二年的春天，果然不出妈妈所料，那棵无花果树真的起死回生，重新发芽抽枝了，并且和其他的树木一样展现出勃勃生机。渐渐地，那棵树又变得枝繁叶茂，并且还结出了甜美的果实。

孩子们都牢牢地记住了这件事，也记住了汉娜的话，不管什么时候都不失去信心、放弃希望，不断地激励着自己前进。若干年之后，三个孩子都已经成长为优秀的青年。小时候背起字母来都结结巴巴的菲亚特，通过自己的努力，居然成了一名优秀的律师。羞涩的二女儿玛琳娜成了学校最受欢迎的音乐教师，整天带领着孩子们又唱又跳，毫无当年羞涩的影子。就连曾经那位最淘气、成绩差得一塌糊涂的小儿子斯蒂恩，后来也成了一所大学的优等生。

在人生奋斗拼搏的过程中，挫折总是在所难免的，但是希望却永远不会破灭。就像那棵无花果树一样，希望其实一直都在。树如此，人生又何尝不是如此？看似惨淡的人生，虽然表面上没有未来可言，但其中却一定蕴含着一种力量，那就是希望。只要不轻易放弃，黑暗之后，必将迎来灿烂的明天。即便现在困难重重，只要对未来拥有信心，对未来抱有希望，就一定会等到未来，等到命运的转机。

哲学家尼采曾经说过：信心是人的征服者，它战胜了人，又存在于人的心中。当今社会人与人之间的竞争压力越来越大，相比女性，男性往往要在整个生命过程中面对更多的竞争考验。能否在竞争中具备足够的信心，对于男性，就是一个生死攸关的大问题。那么作为男孩父母，如何才能不断提高自己儿子的自信心，帮助他们成功应对生活中一次又一次的竞争考验呢？中国有句古话：解铃还须系铃人。最好的办法就是从小鼓励他们尽可能多地主动参与竞争，在一次次的竞争中，体会成功的快乐，总结失败的教训，逐渐增强自己的自信心。

第七节　鼓励男孩参与竞争

一位著名社会学家曾经说过："一场比赛结束之后，你看到一个被打败的男人在真诚地向对手祝贺，其实在这个表象背后，这个男人想的一定是下一次如何把对手打败。"竞争是男人的本能和天性，男人可以通过参与竞争获得自信，然后再去参与下一次竞争，从而形成一个良性的循环。在崇尚阳刚美的德国社会，父母从小就注意通过鼓励儿子参与竞争，增强他的自信心。

路易斯很小的时候，就跟着父母从一个偏远的山村搬到了法兰克福市郊的一个小城镇里。他家的境况一直不怎么好，每天都要在饥饿的边缘挣扎。因此，路易斯穿不上漂亮的衣服，玩不到好玩的玩具，痛苦和自卑时时萦绕在他的心中。不仅如此，在学校里他总是回避一切带有竞争性的活动，他没有勇气举手回答老师的课堂提问，没有勇气和同学一起打篮球、踢足球。久而久之，同学们在做游戏时也从来不会叫上他，有的同学甚至都记不住他的名字。

路易斯的父亲一辈子碌碌无为，是个已经被生活重担压垮，彻底失去了斗志和信心的男人。他在家中经常唉声叹气地对路易斯说："认命吧，你将一事无成。"父亲的这个说法让路易斯更加沮丧，他不希望自己的将来像父亲一样，一生都在贫困、烦恼中度过。为此，他经常为自己的将来而苦恼。

终于有一天，细心的母亲发现了儿子的沮丧，她告诉路易斯："孩子，抬起头来，你必须记住一句话——世界上没有谁跟你一样，你是独一无二的，你是最好的，你就是第一！"

母亲的话深深鼓励了路易斯，使他的内心再次燃起了希望的火焰。路易斯自此满怀信心，认定自己是最好的，没人能比得过他。于是，每天临睡之前，他都会对自己说："我是最好的，我一定能赢。"

就这样一直到了中学毕业，路易斯已经彻底地改变了。他变成一个有信心，对未来充满希望，敢于参与任何竞争，迎接各种挑战的年轻人。在他第一次去应聘的时候，那家公司向他索要名牌，路易斯便递上了一张"黑桃A"。结果，他真的得到了面试的机会。

面试的时候，经理问他："你是黑桃A？"

"是的。"他说。

'为什么是黑桃A？"

"因为A代表第一，代表最棒的，我正好就是最棒的！"

路易斯的自信打动了经理，被录用了。在后来的工作中，路易斯也一直保持着"我是黑桃A"的信念。一年之后，他就成为同行业中的知名人士。"黑桃A"的故事也因此流传至今。

"世界上没有谁跟你一样，你是独一无二的，你是最好的，你就是第一！"正是母亲的这句话让路易斯走出沮丧的阴霾，让他重新勇敢地面对现实，参与竞争，对未来充满信心。路易斯也因此获得了人生的成功。

在人生的道路上，每一个人都没有理由自卑。只要相信自己是最好的，对生活保持希望，让希望激发自己勇往直前的信心，不失去竞争的魄力，就一定能够取得令别人羡慕的成绩，领略成功的滋味。

德国汽车巨头，奔驰公司的创始人卡尔·本茨曾经说过："要想成功，你需要朋友；要想非常成功，你需要的是比你更强大的对手！"当今社会，竞争无处不在。国家在竞争、民族在竞争、企业在竞争、人与人之间也存在竞争，谁落后了，谁就会处于被动的地位。可是随着人们的物质生活水平的不断提高，孩子的生活也越来越安逸，不少孩子在父母的"宠爱"下，逐渐丧失了竞争意识。

为了让孩子不输在起跑线上，父母应该鼓励孩子，特别是男孩子，参与竞争，培养孩子的竞争意识和能力，增强他们面对生活的信心。要知道，一个不敢去竞争的人，他的人生也不会成功。

客观地说，男孩的竞争意识其实是与生俱来的。男孩最初的竞争性行为就是向父母和同伴说一些诸如"我的最好"、"我的最大"之类的"不羁狂言"。到了上小学后，他们便会经常构思一些有规则、有组织、有胜利者和失败者，体现强烈竞争意识的活动。这些活动会激励孩子自觉地去努力提高自己的水平，进而显示出自己比同伴更为优秀的实力，增强自己的信心。有的时候，孩子间的竞争更多的是在班级中展开的，比如学习成绩、体育运动、交友多寡等等。可以这样说，竞争与男孩、男人的生活如影随形，时刻伴随他们的一生。从小就培养男孩的竞争意识，增强他们参与竞争的自信心，不仅能够促进他的积极成长，更能决定他以后的命运走势。因此，身为男孩父母，你有必要从小培养儿子参与竞争的信心和能力。

1. 给男孩行使权力的机会

男孩都喜欢当"头儿"，哪怕是一个小小的卫生督促员，也能让男孩兴奋不已。与此同时，男孩为了做好"头儿"，也会变得更加积极上进。为了培养孩子的自信气质，有时候，德国父母会采取临时让孩子当家的方式。例如下面这个案例。

鲍曼的妈妈规定，星期日这天，由鲍曼来“当家”。主要任务就是负责这一天的家务，保证家庭生活的正常运行。家里一切大小事务，都应该向他汇报，由他做出点评。于是，当了“头儿”的鲍曼就像个小领导一样，一会儿去看看妈妈准备晚饭，一会儿去看看爸爸的卫生做得怎么样了。除了监督父母，鲍曼自己也有任务，也要努力做好分内的家务。父母也会很配合地向他“请示”：“小当家的，快来看看我做得怎么样？”感觉自己真成了一家之主的鲍曼就会马上过去视察。一天的任务完结之后，鲍曼还会对父母的工作进行讲评。

这对德国父母的行为看似儿戏，其实却隐含着深刻的道理。儿童教育学的研究说明，男孩在执行权力的时候，往往更容易全心全意地把自己的工作做好，也更容易严格要求自己。父母也正好利用这个机会，鼓励男孩自理、自立，让他多一些动手的机会。男孩会觉得自己被重视了，干活的热情度也会被提高，信心也会被增强。

2. 不要挫伤男孩的竞争积极性

男孩会始终让自己保持在竞争状态中，对于来自外界的评价，往往比较敏感。当他取得了成绩的时候，哪怕成绩极其微小，父母、师长也要适度地给予赞扬，不要轻易打消男孩的积极性，而是保护、提高他们参与竞争的自信心，就像下面这位德国母亲所做的那样。

巴拉克是个5岁的德国小男孩，还在上幼儿园，竞争意识却已经非常强烈。他经常和妈妈说：“我今要得十朵小红花，我一定要超过弗林斯。“妈妈每次听到巴拉克的竞争宣言，都会鼓励他说：“在妈妈心中，你是最棒的，你一定可以打败对手！”一天，巴拉克高兴地对妈妈讲：“今天我只得到了老师的一次表扬，可是弗林斯根本就没有得到老师的表扬。”听了儿子的话，妈妈赶紧说：“是吗，那你又超过了他一次，以后肯定会比他做得更好。”听了妈妈的话，巴拉克暗下决心，以后一定要更加努力。

妈妈常犯的一个错误是当男孩兴高采烈地对妈妈谈到自己的进步的时候，妈妈却总是抱怨他进步得不够，而给他提出更高的目标。这种行为会在无形中打击男孩的竞争意识，让他丧失自信。

3. 鼓励男孩通过竞争赢得胜利

男孩的竞争心理也就是喜欢争强好胜。如果父母能够巧妙利用这一点，不仅能调动男孩的积极性，增强男孩的自信心，还能帮助男孩改掉很多坏毛病。例如下面这个案例。

拉梅洛的屋子总是乱乱的，妈妈想让他收拾一下，他却回答说：“乱点好，乱点也挺舒服的。”妈妈灵机一动，对拉梅洛说：“我们来个比赛吧，我收拾我的卧室，你整理你自己的，我敢打赌你肯定没我干得好。”

拉梅洛一听就来气了，回应道：“不可能，我只是不愿意收拾，只要我愿意，肯定不会输给您。”比赛开始后，妈妈故意放漫速度，拉梅洛则干劲十足。最终，他战胜了妈妈，觉得十分开心。

父母在鼓励男孩参与竞争的同时，还应该防备孩子把竞争意识用偏了，为了取得胜利不择手段，走了极端。这种现象在现实生活中绝对不在少数。比如某个男孩没有好好学习，但又想考个好成绩，于是就“买通”了坐在他旁边的同学，让他把写上答案的小纸条给自己传过来。或者某个男孩竞选班长失败了，于是在回家的路上找了几个哥们儿把竞争对手狠狠“扁”了一顿等。

对于这种把竞争意识用偏了的情况，家长要及时告诫男孩，有竞争心理是对的，但一定要正当竞争。只有这样，男孩长大之后才会是一个堂堂正正的男子汉。相反，如果家长鼓励孩子的不正当竞争行为，孩子就会沿着“弯路”越走越远。小时候就考试作弊、拉帮结伙，长大以后可能还会做出更离谱、更可怕的事情来。

第八节　活在希望中

人要努力生活下去就必须有希望，德国诗人歌德曾经说过：“幸运的不是始终去做你所希望做的事，而是始终希望达到你所做的事情的目的。”希望是人内心中永不熄灭的灯塔，始终指引着人奋勇向前，不畏风霜雨雪，不惧艰难险阻。希望可以赋予人目标，让每天的生活变得更加明确；希望可以赋予人力量，再多苦难，也挡不住前进的脚步。希望如此重要，家有男孩的德国父母们从小就非常重视保护儿子心中的希望之火，让他们生活在希望之中。

乔纳斯是一位普通的德国人，他有一个非常可爱的小儿子，但是这个小儿子却让乔纳斯操碎了心。原因就是，他的这个小儿子对自己的功课和未来没有一点儿信心，每次放学回家总是会对爸爸说自己不敢和小朋友一起玩、上课不敢回答老师的问题。

听了儿子的话，乔纳斯非常震惊。他觉得自己必须帮助儿子，于是就给儿子讲了一个故事：

亚历山大大帝为了开疆拓土，几乎投入了自己的全部青春和活力。在他决心征服波斯之际，曾将自己所有的财产分配给了臣下。

尽管远征波斯必须买进各种武器、粮食等军需物资，需要耗费巨额的资金，但是亚历山大为了斩断将士们的儿女私情，还是将王室拥有的所有财产，包括珍爱的财宝和土地，都分配给了别人。

大臣们对亚历山大的这一做法感到非常不解，其中有一个大臣这样问道："陛下将所有的东西都分给别人，自己带什么踏上将要开始的漫漫征程呢？"

"希望！"面对大臣的疑问，亚历山大大帝斩钉截铁地说道，"我只有一个财宝，那就是希望！"

大臣听到亚历山大大帝的豪言壮语，纷纷表示赞同，于是请求与亚历山大大帝分享"希望"这一财富，纷纷拒绝了分配给自己的财富。

讲完这个故事之后，乔纳斯又对儿子总结道："希望就是财富，如果你能拥有这一财富，活在希望中，你就能战胜懦弱，获得自信。"

尽管乔纳斯的儿子对此有些似懂非懂，但是从他那认真的眼神里可以看出，他似乎已经意识到自己应该向伟大的亚历山大大帝学习。

"希望"是人生的"加油站"，保持希望，才能让自己的人生丰富多彩，让自己的生活充满信心。每个人心中都有一份希望，这是上天赐给每个人的最好礼物。每个人只有好好珍惜，利用好手中的礼物，才能在希望之光的照耀下激发前进的信心，寻找到最后的成功。

未来社会是一个到处充满机遇的社会，也是一个机遇稍纵即逝的社会。身为男孩父母，只有将自己的儿子培养成为一个自信的人，才有可能帮助他在未来抓住机遇，积极进取，让自己的聪明才智得到充分发挥，创造属于自己的人生价值。

父母应该让男孩知道的增强自信心的11大法则

法则1：首先对自己抱有希望。如果你连使自己改变的信心都没有，那就不要再向下看了。要对自己宽容，并使事情看起来容易做到。

法则2：表现得好像自信十足，这会使你勇敢一些。想象你的身体已接受挑战，显示自己并不是全然的害怕。

法则3：停下来想一想，别人也曾面对沮丧和困难，却克服了它们，别人既然能做到，你当然也能。

法则4：记住，你的生命是以某种节奏前进，你若感到失意消沉，无力面对压力，你也许会沉至山洼的底部；但是你若保持自信，便可能利用当时正扯你下坠的那股力量，跃出洼谷之外。

法则5：记住，夜晚比白天更容易使你感到挫败和气馁，自信多与太阳一道升起。

法则6：只有想不到的事情，没有做不成的事情。

法则7：我们大多数人所拥有的自信，远比我们想象的更多。

法则8：克服局促不安与羞怯的最佳方法，是对别人感兴趣，并且想着他们，然后胆怯便会奇迹般消失。为别人做点事情，举止友好，你便会得到惊喜的回报。

法则9：只有一个人能治疗你的羞涩不安，那便是你自己。没有什么方法比“忘我”更好。当你感觉胆怯、害羞和局促不安时，立刻把心思放在别的事情上。如果你正在演讲，那么除了讲题，一切都忘了吧。切莫在意别人对你和你的演讲如何看。忘记自己，继续你的演讲。

法则10：只要下定决心，就能克服任何恐惧。请记住，除了在脑海中，恐惧无处藏身。

法则11：害怕时，把心思放在必须做的事情上。如果准备充分，便不会害怕。

第 8 章

德意志的魅力

在欧美国家中，只要一提起德国人，给人的第一印象就是略带古板的严谨。但却从未有人否则，德国男性所散发出来的特有的魅力。彬彬有礼、温文尔雅、富有风度、守时重诺……使得德国男性在日常的人际交往中，往往能够既赢得尊重，又获得好感。

对于严谨的德国人来说，社交不仅仅是一项社会活动，更是一种社会责任。以日常生活中的见面打招呼为例，在德国，根据不同情况，会有多种打招呼的方式，并且一直以来被严格遵循着。两个人见面的时候，德国人总是会相互握手，握手时用力不能太轻，否则会被视为没有诚意，同时一定要保持眼神接触。如果两个人恰好是熟人，也可以说句“你好”代替握手。如果遇见的是好朋友或者亲人，则要用吻面礼打招呼，即将脸颊贴在对方的脸颊上，同时嘴部做出亲吻动作，但一定不要亲吻到对方脸颊。如果是熟悉的男女朋友，或男女亲属之间打招呼，可以用吻面礼，也可以轻轻拥抱一下。而如果遇见的不是一个人，而是一组人，那么在见面和分别时，都要与在场人士一一握手，决不能有所遗漏。德国人在打招呼的时候十分注重称呼，因此“小姐”和“先生”之类的敬语一定要随时挂在嘴边。与不熟悉的人打招呼时，也只能称呼对方的姓氏，而不能直呼其名。

上面所讲到的只是德国人日常交际中的一个小事例，但即使是再小的事情，德国人也不会视其为无足轻重，而是会严格遵守社会中业已养成的风气。而这种风气的养成，绝不是一朝一夕的成果，而是经过了数百年的传承和坚守，如位于德国东南部的巴伐利亚州，早在法兰克时代，即以精致的地域文化，优雅的贵族传统享誉德国全境，成为全体德国人仰慕和模仿的样板。

实际上，早在数百年前，德国人对于社交礼仪和社交技巧，就已经有了十分具体和详细的规定，其中一个不得不提的名字，就是阿道夫・弗莱尔・冯・克尼格。1752年10月16日，克尼格出生于德国北部城市汉诺威近郊的布雷登贝克城堡，1796年5月6日在不莱梅逝世。克尼格是一位著名的德国作家，而他最为家喻户晓的作品就是被称为西方礼仪开山之作的《论人际交往》。

克尼格从小就接受贵族式教育，因此始终对高尚礼仪和法国启蒙运动后的人际交往行为非常敏感。在1788年，他根据自身的社交经验，非常详细地总结了各种交往形式，论述不同年龄层、职业与性格的人，在各种社交场合与日常生活中应该注意的行为举止，出版了这本成名之作《论人际交往》，希望以此启发当时的德国人，根据自己的身份地位，彬彬有礼、温文尔雅地与人交往。

在他去世之后，《论人际交往》这本著作逐渐被广泛地接受而变成了人际交往准则，甚至被称为世界上最伟大的礼仪书。毫不夸张地说，这本小册子绝对是当时社会的金科玉律。

如今，德国人对于人际交往的技巧依旧保持了很高的重视程度。在德国，各种以“克尼格”冠名的礼仪学校、社交学校，几乎遍布德国各地。很多家长也乐于将自己的孩子送到这些学校里去学习，因为他们知道社交对于男孩子的重要性。社会学研究显示，相比女性，男性从童年时期开始就体现出更加明显的社会化倾向，而在成年之后也往往需要更多通过社交行为达到各种目的，实现自我价值，赢得社会的肯定和承认。因此，男孩从小在父母的帮助下提升自身的社交能力和技巧，对于他日后成为一名成功男性是至关重要的。

在家庭中，德国父母也会经常注意以巴伐利亚的贵族风度启迪自己的孩子，要求孩子必须从小熟练掌握人与人之间的各种“游戏规则”，把握与人交往的“分寸”，提高自己的处世技巧，顺利完成某项任务或工作。

第一节　培养社交能力

一般来说，当男孩10岁的时候，便可以算是进入青春期了。即使此时男孩仍未显露出青春期的特征，但在心理上，他们却已经为真正进入青春期做好了准备。在这一时期，男孩的压力会陡然增加，因为他们满心期待着与异性交往，有自己幻想中高贵而纯洁的女孩模板，可又无法得到，只能强制封闭自己的爱慕天性。

此时，对于男孩来说，他们会情不自禁地开始羡慕女孩。因为在日常生活中，女孩的社交能力会明显强于男孩。例如，在学校里，可以明显地观察到女孩更擅于与人交流，表达自己的情感；而男孩不是羞于出口，就是胡乱表达，致使想要表达的情感被对方误解。作为青少年心理专家，笔者也受邀前往过不少学校，发现学校里的男孩，出于对异性的吸引，往往会主动去讨好自己喜欢的女孩，但在行动中往往却成了搞恶作剧或惹女孩厌烦。这种主动接近、讨好喜欢的女孩的行为源于男孩的天性，但社交技巧的缺失却使得这种天性很难被正确表达。很多时候，这种缺失的根源并不在于男孩本身，而是他们的父母错误的指导。因为他们总认为十几岁的孩子根本不应该喜欢女孩，这种行为不仅会带来不好的社会影响，还会进而占据孩子的精力，影响他们的学业。所以父母们总是刻意忽略或压抑孩子的这种天性，最终导致了孩子在社交技巧上的拙劣表演。

在德国，父母却十分注重、甚至可以说是尊重孩子的天性。在培养自己的男孩社交技巧时，他们也不会去刻意压抑这种天性。这里有一个真实发生的小故事，十分有意思，也非常值得每一个父母深思：

有一对中国留学生夫妇，带着自己9岁大的女儿居住在德国，女孩很自然地上了当地的一所小学，但她的到来却在当地小学引起了不小的轰动。因为在这所学校里，第一次出现黄皮肤、黑眼睛的东方女孩。小学里的男孩子马上被中国小姑娘吸引住了，不到一个学期，就有一名男学生当众宣布，自己爱上了他，并且屡次找机会向她表明爱意。

有一天，小女孩请了病假没来上课，这可急坏了那名德国男孩。在课堂上，他居然放声大哭起来，声称见不到小女孩，他就没心思上课。对于他的举动，德国教师的应对方法一定会让各位读者大吃一惊，他居然给这名男孩放了一天的假，让他回家好好休息。

小男孩回到家里，将学校里发生的事情讲给母亲听，并信誓旦旦地说自己将来一定要和一个中国女孩子结婚。母亲听完，对儿子说道："那很好啊，我支持你的决定。但是结婚并不是这么容易的，要有礼服、婚纱、戒指，还要自己买房子、花园，这些都需要很多很多的钱。可你现在什么也没有，就连玩具都是妈妈给你买的，你怎么能找到钱和中国女孩子结婚呢？如果你真的想要娶这位可爱的中国女孩，就必须从现在起努力学习，将来成为博士，才有希望实现这个梦想啊。"男孩子听完，马上擦干眼泪，拿起书本，开始认真地学习去了。

每一个父母都应该懂得这样一个道理：天性是扼杀不了的，只会被摧残。刻意地压抑自己孩子的天性，最终只能导致畸形的人格。德国父母在教导孩子社交技巧的时候，并没有将男孩爱慕女孩的天性视为“洪水猛兽”，而是会精心安排一种成人仪式，疏导这种天性，使之向着健康的方向，继续发展。

一般来说，很多德国父母会找出一天，为男孩举办成人礼，庆祝他从此成为一名男人。这种仪式并不需要多么正规，实际上，往往只是一次晚餐。但在晚餐时，父母却会第一次向孩子谈论关于性的问题。他们会告诉孩子，喜欢、爱与性是完全不同的三种行为。喜欢是对一个人好感，期盼与之亲近的美好愿望；爱是两个人相互有好感，希望进一步实现心与心的沟通；而性则是一种冲动，是身体和心灵都必须参与其中的一种行为，这种行为只有到成年之后，才可以发生，否则都是不正确的。

男孩进入青春期后，会很快陷入恋爱的漩涡。但错误的恋爱观和不恰当的社交技巧会极大伤害男孩的情感，有时甚至会伤害到男女双方。其实，女孩进入青春期后，同样会被男孩子所吸引。所以，如果男孩稍微懂得一点交际技巧，或者态度足够正确，男孩与女孩彼此之间就会有许多共同语言，进而促进双方情商的发展和成熟！相反，不善交际的男孩情商的成长则会缓慢许多，甚至停滞不前。缺乏情商，男孩的自我调整机制就会变得迟缓，在恋爱观上会常常表现出一种自卑感，变成乏味的恋人。即使后来他们建立起自己的家庭，妻子也会很快对他们失去兴趣，成为大多数家庭问题的根源。

其实，对于青春期男孩的情感波动，父母可以很容易地处理。只要选择一个恰当的日子，和孩子做一次谈心，就完全可以解决。不过一定要记住，在谈话时，父母一定要语气自然、心平气和，这样才不会引起孩子的误解，或是打击到孩子渴望吸引异性的积极性。

第二节 微笑的力量

如今，大多数德国家庭都会有这样的场景。清晨，孩子从睡梦中醒来，穿好衣服，来到客厅。母亲端上来热腾腾的早饭。孩子微笑着向母亲道早安，然后狼吞虎咽地吞下早饭，背起书包赶往校车停靠点。等到校车来了，打开门，他们也会微笑着向司机道早安，然后上车，开始一天的学业。

德国的父母从小就会教育自己的孩子，用微笑迎接他人。人们常说，快乐是可以传染的，当你冲着别人微笑时，也在收获别人的微笑。对于德国人来说，这种微笑被进一步强化，成为一项日常交际的必要环节，就像“你好”“再见”一样平常。从小时候起，德国的男孩就被家长教导：微笑着和每个人打招呼。久而久之，这种行为就成为一种习惯。

在日常交际中，微笑同样重要，就像一张挂在脸上的名片，既让人感觉亲切，也帮助自己留下好的印象。

在法兰克福的一个小镇上，有一个非常大的果园，里面种着各种各样的水果树，尤其是老约瑟家的桃子，是全镇上最大、最甜的。然而全镇上下没有一个人敢到他家果园，因为老约瑟是一个非常古怪的老头，脾气很臭，经常破口大骂。他不但不许别人摘他家的水果，甚至掉在地上的也不许别人去捡。

一个星期日的下午，两个小男孩去体育馆打球回来。当他们从老约瑟果园门前经过的时候，不禁被里面诱人的桃子吸引住了。他们当中那个名叫威廉的小男孩，继续往果园里走去时，身旁的斯佩尔非常担心，对威廉说道：“我们赶紧回去吧，不要进去，否则老约瑟会骂我们的。”

“没有关系，约瑟爷爷是不会伤害我们的。”威廉一边说一边继续往果园里走。

斯佩尔仍然非常害怕，每走一步，心跳就会加快一点。当他们快走到门口的时候，发现老约瑟正在晒太阳呢，并且已经看见了他们。斯佩尔战战兢兢地走到门口，发现老约瑟正在注视着自己，像往常一样，深锁着眉头。然而当威廉走上前的时候，老约瑟那张紧绷的脸突然就展现出了灿烂的笑容。

“你好啊，威廉，你们去做什么了，累得满头大汗？”

威廉也微笑着回答：“我们刚刚去打球了。”

“哦，这样啊，看来你们一定很累吧，你们先等一下儿，我马上就回来。”

不一会儿，老约瑟就回来了，手里面拿着两个桃子，“这是我刚刚从树上摘下来的，赶快吃吧！”

他们吃完之后，就和老约瑟告别了。

在回家的路上，斯佩尔疑惑地问道：“为什么老约瑟看见你就会带着微笑？你不害怕他吗？”威廉解释道：“其实，我和你一样，以前也非常害怕老约瑟。但是我爸爸告诉我，每一个人都会有微笑，只不过有的人把它隐藏了起来，只要你对他微笑，他就会展示给你看。于是，之后我再遇到老约瑟的时候，我都会微笑着和他打招呼。刚开始的时候，老约瑟非常不习惯，可是没过多久，他也开始对我微笑起来，并且开始和我谈话。在一次交谈中，我才得知，原来约瑟爷爷有一个儿子在外地工作，很少回来。正是因为平时没有人陪他说话，他的脾气才会变得那么坏。”

笑是人与人沟通的桥梁。美国伯明翰大学的艾文·格兰特博士将人类的笑分为5类：一是微笑，这是一种会心的笑，嘴角向上，不露齿；二是轻笑，是亲朋好友相遇时亲切的笑，嘴微张，露出上齿；三是大笑，嘴张开，露出上下牙齿，有笑声发出；四是害羞的笑，下唇含在牙齿中，女孩常常这样笑；五是皮笑肉不笑，属于“假笑”。德国科学家还发现，女性的笑不仅能征服异性，还能帮她们摆脱潜在的危害；笑能拉近人与人之间的距离，缺乏友善的笑容，成功的概率将大大降低。

如今，向来以严谨呆板著称的德国人，越来越体会到微笑以及大笑，对于自我调解和社会交际的重要意义。在柏林，汤姆·德莱格创建了第一家笑声学校，并很快成为德国社会中的流行文化。

为什么微笑对人来说如此重要？神经生物学家的最新研究表明，人类在开始说话之前，就已经学会了笑。英国科学家还发现，胎儿在母亲腹中就已经会微笑了。世界卫生组织的健康标准包含了体魄健壮、心理健全和良好的处世态度，而笑则是唯一能全部覆盖三个标准的行为，而这就是人们应该重视笑的原因。

讲到笑的好处，德国情绪研究所的葛罗利教授这样说道：笑能降血压，在血液中产生一种可以消灭病菌的“杀手细胞”；笑1分钟可以收到划船10分钟的效果。除了身体上的益处，葛罗利教授表示，笑还能够释放压力，减轻沮丧感，刺激人体分泌多巴胺，使人产生快乐的感觉。目前，超过70%的疾病都由压力引发，如高血压、心脏病、抑郁症、感冒、失眠、头疼、胃部不适，甚至癌症等，笑正好可以起到缓解压力、放松精神、抵抗疾病的作用。

微笑是人类最基本的动作，也是人类最美丽的表情。因为他不仅是一个脸部表情，还包含了丰富的内涵，代表了真诚和善良。微笑还是一种激发想象和启迪智慧的力量。顺境中，常常给自己一个微笑，可以保持愉快的心境；逆境中，也不要抛弃微笑，学会用微笑来理疗创伤。

第三节　社交的技巧

如今，德国的父母为男孩报名参加各种社交培训班和礼仪培训班已经蔚然成风。在课堂上，教师们首先教给孩子的，就是各种最基本的社交技巧，其中包括尊重对方、真诚地赞美，以及保持适度的原则。

尊重是人与人之间相互交往的前提，只有充分显示出对于对方的尊重，并从对方那里获得同样的尊重，社交活动才能继续进行。但尊重并不是嘴上说说就可以表现出来的，而必须是付诸实际行动才能得来。对于这一点，历来严谨的德国人就不会放过任何一个向对方表示尊敬的细节。比如，在德国每个人都会给自己安排时间表，即使一些人没有特意安排，但他们也总会对每天的活动有一个大致的安排。他们认为每个人的时间表都是个人的私事，正如私有财产一样。因此，如果事先不进行任何通知，就去冒冒失失地打扰对方，则会被认为是一种十分失礼的表现，因为你没有对他人的私事表现出足够的尊重。

再如，当德国人在家里宴请朋友时，主人会为客人安排座位，然后客人才能入座。为了表示对主人足够的尊重，客人还必须等待主人首先将餐巾平铺在腿上，然后他们才可以进食。同时，客人还必须注意自己所取食物的数量，因为他们必须将自己所取的食物全部吃完，如果吃完饭时，客人的盘子中还有剩饭，主人就会猜测是否自己准备的食物不合客人的胃口，这对于主人来说，也是十分不尊重的表现。

在表现尊重方面，充分展示了德国人对于细节的注重。其中最有代表性的，就是熟记所交往之人的姓名。

德国人乔纳斯出生在一个贫苦家庭。12岁那年，他的父亲因意外丧生，留下他和母亲以及两个年幼的弟弟。身为长子的他不得不挑起养家的重担，于是乔纳斯辍学进入一家饭店当服务员。

在别人看来，当服务员是一份没有任何前途可言的职业。然而乔纳斯却在这个平凡的岗位上做出了不平凡的业绩，并凭借自己的努力一步步地走向成功，最终成为这家饭店的董事长。

当他的职业奇迹被媒体知道后，一位记者问起他成功的秘诀时，他只是简单地回答道："辛勤工作，就这么简单。"

记者有些疑惑，说道："你别开玩笑了！"

"那你认为我成功的原因是什么？"他反问道。

"听说你的记忆力非常好，即使只见过一次面，下次见面时一定可以准确无误地叫出对方的名字。"记者好奇地问道。

"的确是这样，不过我记住的不仅仅是他们的名字，就连他们的家庭状况以及所从事的职业，我都能记得一清二楚。"乔纳斯自信地回答说。

在乔纳斯看来，牢记别人的名字，并正确无误地叫出来，对任何人来说，都是一种尊重、友善的表现。他也正是凭借这份能耐，赢得了周围入的喜爱，人们也都乐于和平易近入的他交往。良好的人际关系在他追求成功的道路上起着举足轻重的作用。

牢记他人的名字，也许在很多人看来是一件微不足道的小事，但是正如一句俗语所讲：细节决定成败。在传统巴伐利亚贵族的社交礼仪中，叫错或者忘记他人的名字是一件非常严重的失礼行为。这看似吹毛求疵，却包含着长期生活实践积累下来的智慧。牢记他人的名字，看起来是一件小事，却足以反映出一个人对于他人的尊重和友善。当你的孩子能够怀着这样真诚、严肃的态度与人交往时，相互之间必然能够建立起坚实的信任，也必然能够促成目标的完成。

除了尊重以外，真诚地赞美对方，也是一个重要的社交技巧。赞美是人际交往中的润滑剂，即使一句再简单不过的赞美之词，也能使人振奋和鼓舞，使人得到自信和不断进取的力量。每个人在付出自己的努力之后，都渴望得到别人和社会的肯定。发自内心的真诚赞美，不但满足了被赞美者的内心需求，也可以让彼此之间更加和谐友好地相处。让男孩从小学会真诚而恰当的赞美，能够让他在社会中成为一个处处受到欢迎的人。

一位德国小商人打算聘用一位女店员帮助自己打理杂货店。在女店员正式上班之前，小商人为了更多地了解她的情况，打电话给女店员的前任雇主，结果得到的评语却是贬多于褒。小商人为此很是纠结：难道女店员真有那么差？应该不至于，不然中介也不会介绍给我了。那么如何才能让她尽职尽责地为我服务呢？考虑再三，小商人想出了一个好计策。

在女店员上班的第一天，小商人并不急于让她干活，而是专门找她谈话，告诉她说："几天前我打电话请教了你的前任雇主，她说你为人诚实可靠，而且服务态度也很好，很受顾客欢迎。唯一的缺点就是在清洁卫生方面比较不注意，老是把店里弄得不是很整洁的。我想他的话也并非完全可信，从你的穿着可以看出来，你是个很讲究清洁的人，我相信你有这种习惯，一定也会把咱们的店料理得井井有条。我们应该是可以相处得宾主皆欢才对。"女店员听到这番话，显然深受感动，一再保证她一定会好好干的。

正如女店员所保证的那样，她真的把小商人的杂货店打扫得干干净净，一尘不染，而且工作非常勤奋，宁可自动加班，也不会任工作搁着不做。小商人对此看在眼里，乐在心头。

人都有一个共性，就是在受到别人赞美之后会极力维护这份荣誉。故事中的女店员受到雇主的赞美之后，不仅改掉了以前工作中存在的问题，而且工作也比以前更卖力了。她之所以有此变化，肯定离不开雇主的几句赞美。

保持适度的原则，则是维持好社交关系的关键所在。人生存于世间，既受他人影响，又影响他人，因此人与人的交往就经常存在一个“度”的问题。任何事情做得不到位，或者做过了头儿，都不能说是成功的，社交也是如此。在社交过程中，每个人的需求都希望也应该受到他人的尊重，但同时也必须学会尊重他人的需求。英国绅士有句座右铭：keep your distance。意思就是说人在社会交往过程中，要在他人与自己之间寻求一种张力的平衡。在德国巴伐利亚地区，同样流行着一个与这则座右铭有异曲同工之妙的小故事。

在很久很久以前，森林里生活着一群豪猪。夏天的时候，他们一起觅食、玩耍，大家生活得很快乐，彼此间成为最要好的朋友。可是好景不长，转眼间，冬天到了，森林里不但没有了食物，而且变得寒冷刺骨。为了御寒保暖，豪猪们决定大家挤成一堆，互相利用同伴的体温取暖。但是豪猪们忘记了一件事情，那就是他们的身上都长着长长的尖刺。

刚开始的时候，豪猪们为了取暖拼命挤在一起，于是很快就有几个倒霉的家伙被扎得满身鲜血。为了解决这个问题，豪猪们重新开会，决定拉开彼此的距离。但是这次豪猪们拉开的距离实在太大了，又根本起不到保暖的作用。于是豪猪们再开会，再调整距离……反复几次下来，大家终于找到了最合适的距离，既能保暖，又不会让自己身上的刺扎到对方，或者被对方身上的刺扎到。

直到今天，德国父母们仍然在用这个小故事告诫自己的孩子，在社会交往的过程中，既要坚守自己的底线，又要努力尊重他人的需求，巧妙地把握人与人之间的“度”。正如德国诗人歌德所说：“礼仪的目的与作用本在使得本来的顽梗变柔顺，使人们的气质变温和，使他尊重别人，和别人合得来。”

第四节　学会守时

在德国，守时是一项十分重要的社交准则！德国人十分注重自己的时间表，他们会按照事先的安排进行各种活动。甚至是汽车、火车等公共交通工具，都会严格按照时间表行驶，一两分钟的晚点在德国是十分罕见的。因此，当你准备面见某人时，一定要保证自己在事先约好的时间与其见面或登门拜访。德国人对自己的私人时间似乎有一种不可理喻的偏执，如果你比预约的时间早到，将被他们视为侵犯了其私人时间；而更糟糕的情况是，你到达的时间比预约的时间还要晚，即使短短几分钟的迟到，都会被认为是十分不礼貌的行为。因此，当遇到特殊原因，不可避免地要迟到时，一定要记住事先通知约见的对方。下面这个小故事，可能会让你稍微理解一点德国人对于守时的“偏执”。

有一次，德国哲学家康德打算去拜访经营农场的朋友威廉·彼特斯。康德临行前曾写信告知彼特斯，说自己上午11点钟前到他家。在途中，一条河挡住了康德前行的道路。河上尽管有桥，但不幸的是，桥中间发生了断裂。河虽然不宽，但水很深而且结了冰，马车想要通过显然是不可能的。

看到这一情景，康德焦急地询问车夫："附近还有别的桥吗？"

"有，先生。在上游6英里远的地方还有一座桥。"车夫回答说。

康德看了一眼怀表，当时已经10点钟了。

"如果走那座桥，我们什么时候可以到达农场？"康德再次问道。

"最快得12点半。"车夫回答说。

"那如果我们经过面前这座桥，最快能在什么时间到？"康德紧接着问道。

"大概40分钟吧。"车夫回答说。

"好！我们就走这座桥。"康德下定决心说道。

"可是……"没等车夫说完，康德就打断了车夫的话，对他说道："我知道你要说什么，我会处理的，你只要负责赶车就行了。"

说完之后，康德让车夫在桥边等着，自己跑到河边的一座农舍里，向主人打听道："请问您的那间屋子要多少钱才肯出售？"

"您会要我简陋的破屋，这是为什么？"农夫惊讶地问道。

"不要问为什么，您愿意还是不愿意？"康德急切地问道。

"给200马克吧！"农夫说道。

康德没有讲价，痛快地付了钱，然后对农夫说："如果您能马上从破屋上拆下几根长的木条，20分钟内把桥修好，我就把破屋还给您。"

农夫听后心中十分欢喜，于是把两个儿子都叫来帮忙，结果桥很快就修好了。

桥修好之后，车夫载着康德快速过了桥，在乡间公路上飞奔，10

点50分的时候他们终于赶到了农场。在门口迎接朋友的彼特斯高兴地说道："亲爱的朋友，您真准时。"

后来，康德的朋友从农夫那里听说了他买房子、拆木头过河的经历，探知康德是为了守时才这样做的，心中不禁感慨万千，于是给康德写了一封信。信中说道："您实在太客气了，还是一如既往地守时。其实，老朋之间不必如此，晚一些时间是可以原谅的，何况您还遇到了意外。"

康德回信说道："在我看来，在一定意义上可以说，无论是对朋友，还是对陌生人，守时就是最大的礼貌。"

德国人有句谚语："守时就是帝王的礼貌。"可见德国人已经将守时变成一种习惯，并且渗透到每个德国人的血液当中了。故事中的康德就是守时得典范，为了在约定时间到达朋友的居所，不惜花重金买破屋，拆木头过河。这种守时的品质不仅是做人的基本素质，而且在与人交往中也会建立起坚实的信任基础，从而更能赢得别人的信赖和尊重。

或许你会认为康德这个故事已经距离我们很遥远，失去了实际的意义。的确，在当今社会我们可能不再有机会遇到类似康德这样展示自己守时品质的绝佳机会。不过你可以设想一下，如果你的儿子从小就没有养成守时的好习惯，那么在若干年之后，他也可能会因为第一次工作面试迟到而失去一次难得的事业起点，或者因为第一次约会迟到而错失一位优秀的终身伴侣。积习难改，罗马不是一天建成的。真的到了那个时候再去改正自己的坏习惯，就为时已晚了。

稍有涉世经验的人都懂得这个道理，在社交活动中，自己留给对方的第一印象十分重要。好的第一印象可以让接下来的事情变得一帆风顺，不好的第一印象则可能把本来可以办好的事情搞糟。为了给对方留下良好的第一印象，需要在很多细枝末节的问题上下功夫。其实，守时只是信守承诺的诸多行为中的一种，但这种行为恰恰融合进了纪律性的某些要素，使得素来注重承诺和纪律性的德国人对之格外重视。因此，从小时候开始，德国的家长就会刻意培养孩子守时的行为。

第五节　男人的风度

一提起风度，人们往往首先会想到绅士的英国人和浪漫的法国人，但德国对于男人风度的重视，丝毫不亚于前面两个国家，甚至可以说是有过之而无不及。德国人向来严于律己，而在风度方面，他们对于自己的要求尤为严格。尤其是在女性面前，他们会在表现出强烈的男子气概的同时，展现出十足的绅士风度。例如，当男女一起进入公共场所，如餐厅时，男人会首先推门进入，然后站在门的一边，请和他同来的女性进屋。

风度是社交技巧的重要组成部分，而往往最能体现风度的行为就是宽容。《圣经》中有一句很著名的话："宽恕你的仇敌。"仇敌尚可宽恕，来自周围同伴的无心之失自然就更不在话下了。相比于女性，宽容的风度对于男性更为重要。小肚鸡肠的男人不仅会被异性鄙视，也很难获得同性的谅解。学会宽容别人，别人才会宽容自己。有鉴于此，曾经的巴伐利亚贵族始终坚守着"严于律己，宽以待人"的古老信条。在社交场合中严格要求自己，同时尽可能宽容别人的无心之失。时至今日，巴伐利亚贵族们早已风光不再，但"严于律己，宽以待人"的古老信条却依然影响着每位德国人，成为他们规范自己，教育子女的重要依据。

在德国一个偏远郊区的学校中，有一棵特殊的"圣诞树"。每当圣诞节来临的时候，树上就会挂满上百个圆形的小卡片，上面写着一些来自农村孩子的姓名、愿望和年龄。圣诞节过后，载着孩子愿望的卡片都会被附近一个协会的工作人员拿走，而后再根据孩子的愿望，为其寄去大量的礼物。这个活动已经持续了10年，每当孩子们收到礼物的时候，父母都会不厌其烦地向他们讲述这样一个悲伤又感人的故事：

十几年以前，有一位非常富有的人在村子附近盖了一栋别墅，每年他们全家都会来这里度假。有一次，他们来度假的时候，被村子里几个游手好闲的人发现了。因为这几个人平时不去工作，生活非常贫困，于是他们就打起了这个富有人家的主意。

在一个夜晚，他们趁着富人熟睡的时候，进入了别墅中，就当他们快要得手的时候，却不小心惊动了主人。就在主人拼命反抗的时候，几个歹徒失手将他们一家全部杀死。很快，凶手被捕，并被法院判处死刑。

这起轰动一时的案子虽然很快就结了案，但是故事并没有结束。富人的1小儿子因为在外地求学，成为家中唯一的幸存者。当他了解到事实真相之后，虽然十分痛心，但也当即决定用一种特殊方式来纪念自己的父母，于是便成立了这家协会，着力改变这个贫困地区儿童的生活状况。因为在当初庭审的时候，他发现歹徒们没有受过良好的教育，也没有正式的工作，完全是被生活所迫。

面对众人的不解，富人的小儿子说道："如果我的父母在世，肯定也会同意这么做的。因为，妈妈从来就是一个热心肠的好心人，一直都非常乐善好施，曾经帮助过很多贫困的人。而爸爸同样为人谦和、行事严谨。如果他们还活着，肯定也会同意我这么做的！"

十年时间，曾经的恩恩怨怨早已被这份大爱冲淡。面对着无尽的痛苦，受害人的儿子选择了以德报怨，拼命地做慈善事业，并把改变这个贫困村落中孩子的命运作为自己的使命。

纯朴的德国人相信：宽容别人，就是宽容我们自己。多一点对别人的宽容，其实，我们的生活就多了一些空间。世界上没有解释不清的误会，也没有无法原谅的错误。送人玫瑰，手有余香。身为男孩父母的你应该让儿子从小明白这个道理：在这个世界上你越是睚眦必报，你的敌人就会越多，你自己的路也就越来越窄；你越是对别人宽容大度，你的朋友也就越多，你的路就会越走越宽；宽容别人，最终受益的还是宽容者自己。

因此，德国的父母会从小教育孩子，要养成宽容待人的习惯。男孩应该学会不为小事抓狂、斤斤计较。有位诗人曾经说过："人的一生，就像坐在火车上旅行，路过的每一个风景都是必须经历而不可省略的。途中也有上上下下的人，就像我们生活中的每一段缘分。所以说重要的是随缘，顺其自然轻装上阵，简单就好。"

在德国的课本中，也会有许多提倡宽容的小故事，比如《大黑印带来的友谊》：

一个名叫汉斯的德国小男孩满心欢喜地穿着妈妈新买的白色运动裤去上学。到了学校，同学们都夸他穿白裤子显得很精神、特别潇洒，这让他不免有些得意扬扬。那天，正好有节体育课，过于兴奋的他没有顾及自己穿的是白裤子，便同大家一块儿打起了篮球。玩着玩着，突然一个身影从身后蹿了出来。当时汉斯也没看清楚，以为是队友过来接应，便把球传了过去。待他看清楚时，已经来不及补救了，球不偏不倚地砸在了那位同学浅蓝色的衬衫上，留下了一个烧饼大的黑印。

深知错在自己的汉斯赶忙向被砸到的同学道歉，可是那位同学没有接受汉斯的道歉。火冒三丈的他不顾别人的劝阻，照着汉斯的腿就踹了两脚，白裤子上立马留下了两个颜色很深的黑脚印。当时汉斯非常气愤，想要回敬他，但转念一想，毕竟自己有错在先，如果打回去，只会将事情闹大，这并不是自己想要的结果。想到这里，汉斯冷静了下来，继续玩球，没有跟那位踹他的同学纠缠下去。

放学后，正要回家的汉斯发现有个同学正在心急火燎地找东西，于是他便决定留下来帮忙一起找。走近之后才发现，原来找东西的人正是踢脏他裤子的人。转身欲走的汉斯转念又想：事情过去就算了，都是同班同学，别人的事情就是自己的事情，何必计较以前的得失呢。于是便放下书包跟他一起找。当那位同学见汉斯不计较之前的恩怨，热情地向他伸出援助之手的时候，心里羞愧极了，对自己之前的行为深深懊悔，同时也向汉斯露出了感激的笑容。经过这件事情，两人从此成了无话不谈的好朋友。

故事中的汉斯用自己的宽容化解了矛盾，也赢得了一份真挚的友谊。其实，现实生活中，我们都难免会与他人发生摩擦。如果你的孩子能够懂得选择宽容，选择以宽容的心态对待别人的错误，那么他的朋友自然也就多了，他的人生也几会在无形中增加一笔宝贵的资产。天地如此宽广，比天地更宽广的应该是人的心灵！让你的儿子学会宽容吧！宽容别人，其实也就是在宽容自己。一个男人懂得宽容，拥有比天地还要宽广的心胸，是迈向未来成功的重要基石。

第六节　懂得道歉

道歉既是一门人生哲学，也是一门生活艺术，人人都可以学会，也值得学会，但是只有发自内心的真诚道歉，才可能得到真正的原谅。除此之外，接受道歉也十分重要，不应该得理不饶人。在现实生活中，许多人常常不愿意道歉，还有的人不愿意接受道歉。因为“道歉”一词往往与“错”联系在一起，道歉就意味着你犯了错误，接受道歉则证明你原谅了错误，是一个与“面子”有关的、很严重的问题。

在以坦荡、务实著称的德国人看来，学说“对不起”，是孩子逐渐建立是非对错的意识，逐渐在意别人的感受，逐渐学习弥补错误的一个必然过程。对于这样一个抽象的概念，在孩子们进行理解、学习的过程中，父母需要加以引导。对于曾经的巴伐利亚贵族来说，得体地道歉和接受道歉是贵族礼仪的“必修课”。道歉并不丢人，事理自有公论，人心自有天平。占理时，接受道歉不仅不会使人丢面子，而且还能提升人的自尊；不占理时，学会道歉，可以大事化小，小事化无，显得大气大量，反而会挣足面子。

儿童往往缺乏是非观念，自我控制的能力不强，经常不能正确认识自己所犯的错误。加上责任意识不足，通常在做错事后不做任何道歉。有时候来自父母师长的责骂会逼迫孩子说“对不起”，但实际上却并没有完全认识到自己的所犯的错误。通常情况下，父母都需要经历一个漫长的过程才能让孩子明白，当他的行为让别人受到身体的或者情感上的伤害时，他应该表示道歉。一旦孩子能够发自肺腑地说出“对不起”这三个字，那么他就不仅仅是掌握了一项社会技能，更重要的是，他同时学到了怎样去补救自己的过失，怎样对自己的行负责，怎样照顾他人的情感。所以，花一些心思来帮助孩子学习这门相对高级的社会课程是非常重要的，而且有必要的。

1. 让孩子学会认错

孩子没有学会道歉，可能是因为不懂得是非概念，不知道什么是对的，什么是错的，为什么是错的，更不知道自己应该怎样改正错误。因此，父母切不可对孩子简单粗暴、动辄责备，而是应该耐心地告诉孩子为什么错了，错在哪里。认错需要一定的勇气。孩子不敢认错，可能是害怕承担后果。父母应该给孩子一种安全感，告诉孩子每个人都有犯错误的时候，只要改了就是好孩子，避免孩子产生畏惧感。

2. 孩子犯错要及时纠正

让孩子知道错误不是不可挽救的，只要改好了，就可以得到原谅。父母千万不要在孩子做错事后，一味地批评、指责孩子。这样易导致孩子产生逆反心理，以后犯错时就总会找借口推托。对懂得道歉却又频繁犯错的孩子，父母不仅要注意让孩子学会言语道歉，更要帮助孩子改正错误的行为，切不可让“对不起”沦为文过饰非的“遮羞布”。因此，如何处理孩予所犯的错误相比孩子所犯的错误本身其实更加值得父母思考。

3. 父母应学会向孩子认错

父母是孩子最好的老师，孩子的很多行为都是在模仿父母。因此，如果父母做错了事或是错怪了孩子，也应该真诚地向孩子道歉。父母给孩子道歉，不仅可以融洽家庭的关系，也可以让孩子明白每个人都会有犯错的时候，真诚地道歉并不是一件丢脸的事情。事实上，父母不会因为向孩子道歉就失去威信，反而更容易得到孩子的尊敬。

社会学研究显示，较之女孩，男孩往往具有更加旺盛的生命活力，当然也就具有了更多的犯错误的可能。这也就是为什么人们会觉得男孩比女孩淘气、难管的原因所在。在成年之后，男性通常也要比女性拥有更多的社会实践和活动的机会，也就难免犯下更多的错误。因此，身为男孩父母的你注重从小培养儿子为自己的错误说“对不起”，培养他得体地道歉和接受道歉的社会生存技巧是很有必要的。

第七节　不要自负

自负的人往往盲目自大，过高而不切实际地评估自己的能力。当然，孩子的自信也可能会在一定程度上增强孩子的自信心，激发孩子的斗志，使孩子克服生活、学习中的各种困难和挫折。但是，孩子的自信必须建立在客观现实的基础上，脱离孩子实际情况的自负不但不能帮助孩子走向成功，反而会影响孩子正常的生活、学习和人际交往，严重的还会对孩子的身心健康造成影响。

自负的孩子总是以高人一等的态度对待身边的人，所以他们往往没有良好的人际关系。此外，自负的孩子情绪也不稳定，如果他感觉别人不太注意他们时，他们会垂头丧气；他们遭遇失败和挫折时，可能会觉得自己什么都不如别人而变得自暴自弃。

尤韦不仅学习成绩好，而且还是班里足球队的主力，非常受老师器重。回到家里，爸爸妈妈又把他视若珍宝，宠爱有加。

有个这样棒的儿子，做妈妈的当然十分高兴。可是有一次，她发现儿子还没有放学就到家了，而且一言不发，一进门就钻到自己的屋子里，连饭都不愿吃。

妈妈觉得儿子不太对劲，经过仔细询问，才了解了事情的原委。原来在校学生会的选举中，身为选举人的尤韦，不断指责自己的竞争对手，不是说这个“太笨”，就是说“那个不会说话”，并且不断地摇头撇嘴，意思十分露骨：所有竞争对手中根本没人能和他相提并论！也许正是他的这种态度引起了所有学生的不满，最终他以巨大的差距落选。结果一出来，心高气傲的尤韦接受不了，直接离开学校，回到家里。

自负的孩子因为眼中只有自己，常会和外界产生隔膜，这使他们的心胸很狭窄，难以和他人实现正常沟通，对他们的成长造成一定的影响。

男孩子之所以会自负，除了男孩子天生就争强好胜，总觉得自己比别人强之外，还在于家长的教育方法出了偏差。有的家长总是无原则地称赞自己的孩子，甚至在别人面前炫耀自己的孩子。孩子经常得到大人的夸奖，就会有一种飘飘然的感觉，总认为别人都不如自己，看不起别人，从而产生自负心理。

自负的孩子通常看不起别人，总认为自己比别人强很多，往往好高骛远，不切实际。他们为自己制订过高的目标，承担无法完成的任务，容易遭受失败的体验。那么，对于自负的孩子应该怎样教育呢？我们还是来看看尤韦的母亲是怎样教育他的吧。

看到孩子遭受了挫折，妈妈也非常着急。她决定想办法让儿子在生活中实实在在、心服口服地看到别人的优点，也看到自己的缺点，将自己的心态摆正。

有一次，尤韦回到家里又闹起了情绪。原来老师说他的论文没有另外一位同学廷斯的论据充分。于是，妈妈仔细看了他和廷斯的论文，然后拿出一张白纸，划出两栏，一栏标明：尤韦的疏漏；一栏标明：廷斯的缜密。然后她将自己儿子论文中的缺点和廷斯论文中的优点一条条列举出来。尤韦看着妈妈不停地在纸上写出的文字，突然意识到原来自己竟然有这么多地方不如廷斯。原本的心高气傲一下子就消失得无影无踪了。整个过程中，母亲没有说一句话，但她却用实际行动告诉儿子，他的行为是多么幼稚。可能此时在尤韦心中，妈妈的行动比说上千万句大道理还要醍醐灌顶吧。

人天生存在各种各样的“劣根性”，自负可能是其中比较顽固的一种。男孩由于相比女孩更加强烈的竞争本能，通常对于他人的自负更加敏感，也更容易产生反感和抵触情绪。长此以往，过分自负的人很可能会失去很多原本应该属于他的友谊、机会，甚至遭受他人的中伤和诋毁。有鉴于此，德国父母常常教育自己满腔抱负、一身干劲的儿子，要想取得成功，首先就要学会谦虚谨慎，正确评价自己和他人。长期的生活经验让人们明白这样的道理：一个人，特别是男人，在社会上的成功常常是要以获得他人的好感、支持为前提的。这并非油滑、虚伪的世故哲学，而是无数代人积累而成的生活智慧。

第八节　谈话的艺术

谈话是社交活动中的重中之重，从古至今，便一直处于社交舞台的中心环节。我们甚至可以将日常交际看成一个又一个的谈话。在我们每个人的一生中，都花费了大部分时间来与人交谈，无论是在厨房里、办公室中，还是聚会上，我们总是要不断地与人交谈。因此，如果能掌握恰当的谈话技巧，将能够极大改善我们的生活质量。谈话的好处，可以归结为以下几点：

1. 建立交际圈；
2. 加深朋友间的了解；
3. 带来身心的舒适感；
4. 打发时间；
5. 为将要做出的决定搜集信息；
6. 激发新的灵感；
7. 改变我们固有的想法。

基于以上种种好处，难怪人们会对谈话技巧十分看重了。据2010年的一项调查显示，在现代人的日常生活中，平均每人每天会进行27次谈话，每次谈话平均需要花费10分钟。也就是说，我们每个人每天都会拿出4.5个小时进行谈话。这些数据足以证明谈话在人们日常生活中所占的重要地位。但是，进一步的研究表明，在人们日常进行的谈话中，有43%的谈话内容毫无意义，这一比例几乎达到整个谈话时间的一半。因此，如果我们能够掌握足够的谈话技巧，使得谈话更有意义，那我们的日常生活质量将会有多大的改变？

有时候，一次简单的谈话，甚至可以改变人的一生。

洛塔尔绝不会忘记那次改变他一生的谈话。那时他还只有17岁，正在准备两门专业课的期末考试。之前，他已经用了四年时间，来决定自己即将进修的大学专业——用他父母的话来讲，这将是一个影响他一生的决定。现在，他已经收到了亚琛工业大学土木工程专业的通知书，这是一个自他13岁起就决定攻读的专业，并为此主修了数学和自然科学两门专业课。但即便如此，对洛塔尔来说，是否进修土木工程专业仍然是一个艰难的决定，因为在他的内心深处，他知道自己更喜欢人文学科。

在期末考试的前一天晚上，洛塔尔和他的父母一起吃晚饭，而晚饭时的话题却直接影响了他的最终决定，进而影响了他的一生。当时，母亲坐在餐桌的另一边，凝视着他，说道："我觉得土木工程并不是你喜欢的专业。"

这句话让洛塔尔十分震惊，从13岁起，他就在向着土木工程专业的方向努力，怎么母亲会突然说出这种话？洛塔尔吞吞吐吐地说道："为什么您会这么想？"

"是这样的，"母亲继续说道，"每次我和你提到亚琛工业大学的时候，都丝毫不能引起你的兴趣。而我又知道，你是非常期盼能够有朝一日进入大学的。所以原因只能有一个，就是你并不喜欢自己选择的专业。"

"我，嗯……"

面对母亲的询问，洛塔尔失语了。他离开餐桌，回到自己的房间。代数课本仍然摊开在他的书桌上，他将自己所有的笔记和课本全部拿开，然后呆呆地望着窗外。当他的心绪终于平静下来后，竟突然感到一种如释重负的感觉。他意识到，成为工程师并不是他的梦想，而是他父亲的。他意识到自己在立体几何学中的拙劣表现，以及工程制图的枯燥无味。是的，在内心深处，他从来都不是一名建筑工程师，他真正感兴趣的，是那些更具创造力和活力的人文工作。

这一晚，母亲的谈话让他突然找到了自我，那个一直存在于内心深处，却始终没有被他发现的、真正的自己。如今，洛塔尔已经是德国著名的人类行为学家、各大公司的谈话顾问，而所有的一切，都源于晚餐时，母亲与他之间那段简短的谈话。

德国父母很早就意识到掌握谈话技巧对于男孩成长的重要性。为了锻炼男孩的社交能力，家长会给孩子创造与人交往的机会。他们会利用节假日带孩子到一些公共场所，让孩子大胆展示自己，赢得同伴的认可。一旦孩子由此表现出某种进步，即使是点点滴滴的微小进步，也要充分肯定，使孩子逐步树立起自信心。

德国的父母还会鼓励孩子参加各种集体活动，使孩子在交往中获得情感上的认同，增加他们的社会适应能力，这对孩子形成独立、开朗的性格大有好处。

当别的小孩来家里与孩子玩的时候，父母要愉快地欢迎他们，接待他们，不要表现出满脸的不高兴。当孩子提出，要把家里的图书、玩具拿到学校与同学分享时，父母一定会表示支持。

在男孩与同伴的不断交往中，他们逐渐学会了与人谈话的技巧，即使他们自己都没有意识到，父母也会在合适的时机，将谈话技巧指点给他们，并且让他们不断进行练习：

1. 让每个人都参与谈论，并由此推断出他们谈话时在想些什么，抱有何种态度。

2. 倾听并记住每一个人的谈论内容。

3. 当谈话中出现不同意见时，清晰明确地加以解决，而不是忽略不同意见，假装什么都没有发生。

4. 时刻留意谈话的进展情况，如果谈话偏离了轨道，马上将其纠正过来。

通过适当的练习，每个人都可以熟练掌握这些谈话技巧。而在日常的社交活动中，善于言谈者往往就是那些最受欢迎的人。